절대긍정의
믿음으로

With absolutely positive faith

| 정충시 지음 |

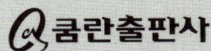

추천사

　기독교 신앙은 하나님의 말씀과 예수님의 십자가를 중심으로 한 절대긍정의 신앙입니다. 이것은 긍정심리학에서 말하는 관점과 의사소통 방법을 변화시켜 나쁜 것을 좋은 것으로 생각하는 것이 아니라, 좋으신 하나님이 우리에게 베푸실 은혜를 신뢰하는 것입니다. 상황의 어떠함과 관계없이 하나님의 복된 비전과 뜻이 우리에게 임할 것을 믿음으로 누리는 신앙입니다.

　여의도순복음교회 정충시 장로님은 성령의 충만한 임재를 뜨겁게 체험한 후 절대긍정의 믿음으로 하나님이 주신 꿈을 이룬 분이십니다.

　회사와 사회에서 놀라운 성과를 올리며 "경영의 귀재"로 불리던 장로님이 이제는 눈에 보이지 않아도 분명히 살아계신 하나님, 어느 곳이든 계시는 무소부재하신 하나님, 모든 것을 아시고 모든 것을 하실 수 있는 전지전능하신 하나님을 전하는 "하나님의 대사"로 사랑의 헌신을 아끼지 않고 계십니다. 특별히 장로님의 저서 《절대긍정의 믿음으로》에는 세상에서 그리스도인으로서 겪는 어려움과 시련을 절대긍정의 믿음으로 극복하고 풍성한 은혜를 누리는 과정이 잘 담겨있습니다.

  부정적인 생각으로 가득 차 감사를 잃어버린 이 시대에 큰 도전이 될 줄로 믿습니다. 장로님의 축적된 영적 통찰력과 지혜가 담긴 이 책이 더욱 성숙한 삶을 갈망하는 분들에게 좋은 길잡이가 될 것입니다.

이영훈 목사
여의도순복음교회 담임목사

추천사

　제가 대한민국 국가조찬기도회 제11대 회장으로 재임하고 있는 기간 동안 저자이신 정 장로님은 부회장으로 봉사하셨습니다. 이 만남을 통해 알게 된 정 장로님은 영적으로 깊이 있는 신앙과 온화한 성품으로 마치 예수님의 사랑을 품은 듯했습니다.

　저자가 집필한 이 책은 절대긍정의 믿음으로 이룬 경영 성공담을 넘어서 인간관계와 신앙의 힘이 어우러진 감동적인 작품이라고 할 수 있습니다. 그는 절대긍정의 믿음을 바탕으로, 인간관계가 역사를 어떻게 만들어가고, 하나님과의 교감을 통하여 어떻게 기적을 이루어 내는지를 솔직하고 진솔하게 전달해 주고 있습니다.

　저자의 이야기는 신앙이 개인의 삶에 가져올 수 있는 긍정적인 변화에 대해 실제 사례들을 섬세하게 드러냅니다. 각 장에서는 삶의 어렵고 힘든 고난의 다양한 순간들이 어떻게 하나님의 은혜로 변화를 만들어 가는지를 진솔하게 그려 냄으로써 하나님의 은혜와 지혜가 우리 각자의 삶에도 적용될 수 있음을 보여줍니다.

저자의 절대긍정의 믿음을 바탕으로 살아온 경험과 깊은 고백은 독자들에게 감동을 줄 것이며, 특히 신앙의 길을 걷고 있는 이들에게는 더욱 특별한 울림을 전달할 것입니다.

이 책을 통해 독자들은 자신의 삶 속에서 하나님의 은혜를 발견하게 되고, 그 은혜 안에서 살아가는 법을 깨달을 것이며, 절대긍정의 믿음에 대한 진정한 의미를 체험하게 될 것입니다.

많은 분이 이 책을 통하여 하나님의 은혜를 받으시도록 적극 추천합니다.

이봉관 장로
(사) 대한민국 국가조찬기도회 회장, 서희건설 회장

추천사

이 책은 한 인간의 삶 속에서 펼쳐진 하나님의 기적과 은혜를 보여주는 진솔한 기록입니다. 또 깊은 신앙고백을 담은 귀한 간증입니다. 저자인 정충시 장로님의 간증은 인간적인 성취와 영적인 깨달음을 아우르며, 그의 여정이 어떻게 신앙의 진정한 본질로 이끌었는지를 보여줍니다.

정 장로님은 말합니다. "절대긍정의 믿음으로 사람을 만나면 역사가 이루어지고, 절대긍정의 믿음으로 하나님을 만나면 기적이 일어난다." 이 말은 그의 삶을 정확하게 대변합니다. 그의 삶은 학교, 회사, 사회에서의 다양한 만남을 통해 성공과 성취를 이루었지만, 결국 모든 것이 하나님의 은혜임을 깨닫게 되는 외길이었습니다. 이 책은 그러한 깨달음의 여정을 진솔하게 담고 있습니다.

이 간증집을 추천하는 이유는 간단합니다. 이 책은 단순한 자서전이나 성공담이 아닙니다. 이는 하나님과의 만남을 통해 변화된 삶의 모습을 담은 다큐멘터리 같은 작품이기 때문입니다. 정 장로님은 자신의 경험을 통해 하나님의 은혜로움을 직접 체험하고 목격하면서 그 모든 것이 하나님의 은혜임을 강조합니다.

  이 책을 통해 하나님의 무한한 사랑과 은혜, 그리고 그 은혜에 대한 우리의 반응에 대해 깊이 생각할 수 있는 시간이 될 것입니다. 나아가 우리 모두에게 영감을 주며, 신앙의 여정에서 중요한 교훈을 제공합니다. 누구든지 하나님을 믿고 그분의 뜻을 따른다면, 하나님께서는 그들의 삶에 풍성한 은혜를 베풀 것입니다.

  마지막으로, 이 책이 많은 이들에게 하나님께 영광을 돌리는 도구가 되길 바랍니다. 정 장로님의 간증이 많은 이에게 큰 감동과 귀감이 되기를 진심으로 희망합니다.

조민제 회장
국민일보

추천사

이 책 원고를 처음 보는 순간 '절대 긍정의 믿음으로'라는 제목이 평범하고 단순하다는 느낌을 받았다. 하지만 이 책을 읽어 내려가면서 내용이 책 제목과 너무나 일치하고 삶에서 누구나 겪는 것들이지만 절대긍정의 믿음으로 이룬 것이라 감동과 감탄사가 절로 나왔다.

이 책은 "절대긍정의 믿음으로 사람을 만나면 역사가 이루어지고, 절대긍정의 믿음으로 하나님을 만나면 기적이 일어난다"라고 시작하고 있다.

내가 나 된 것은 하나님의 은혜라는 신앙고백이 있다. 최연소 부장이라는 화려함 뒤에 찾아온 10년 만에 임원으로 승진시키시는 하나님의 일하심, 23년간의 LG화학을 정리하고 유럽회사 오미아코리아 대표이사로 취임하면서 하나님의 기업으로 경영하겠다는 각오와 영적 전투를 통하여 성경적 경영으로 기적의 회생을 이루어낸 승리, 한 알의 밀알이 땅에 떨어져 가족 구원뿐만 아니라 만나는 사람마다 구원의 역사를 이뤄낸 것은 베풀기를 즐겨 하는 아내 김형련 권사님의 내조로 가능했으리라 생각되어진다.

무소부재하신 하나님, 전지전능하신 하나님을 온전히 믿기만 하면 말기 암도 치유하시고 음주문화로 형성된 비즈니스 문화도 바꿀 수 있는 절대긍정의 하나님이 선택하신 한 영혼 정충시 회장이다.

부디 이 책이 널리 읽혀 많은 분들이 주님을 만나고 주님 품 안으로 돌아오고 인격적으로 만나는 절대긍정의 힘이 될 것을 믿고, 전 세계에 흩어져 비즈니스 세계에 하나님나라가 임하게 하자는 목표를 갖고 경영하는 CBMC 회원들에게 도전의 책이 되기를 간절한 마음으로 추천한다.

김영구 장로
한국기독실업인회 중앙회장

추천사

주님 안에서 사랑하는 제 멘토이자 존경하는 정충시 회장님의 간증책 《절대긍정의 믿음으로》에 추천사를 쓰게 되어 무한한 영광으로 생각합니다. 정 회장님께서 걸어오신 길이 저의 신앙과 인생 여정과 오버랩 되면서 이 책을 읽는 내내 큰 기쁨과 감사가 있었습니다.

실제로 회장님과 서로 알게 된 계기가 된 것이 바로 회장님의 책에 기록된 회장님의 첫 번째 꿈 때문이었습니다. '나는 이처럼 어렵게 공부하고 있지만 훗날 사회에 진출하여 어느 정도 생활할 수 있는 형편이 되면, 맨 먼저 나처럼 어렵게 공부하는 후배에게 장학금을 주는 사람이 꼭 되겠습니다'가 회장님의 첫 번째 꿈이었습니다.

저도 회장님께서 하나님의 명령에 순종하셔서 LG화학 신우회를 만드시고 가시는 곳마다 신우회를 만드셨듯이, 화학생물공학부 기독인 모임인 코람데오 모임을 학생들과 시작하여 지난 26년간 섬기고 있습니다.

하루는 회장님께서 제게 전화를 하셔서 화학생물공학부 기독인 학생들에게 매 학기 2명씩 장학금을 주시겠다고 말씀하셨습니다. 바로 회장님의 첫 번째 꿈을 실천하신 것입니다. 이것이 바로 '정충시특지장학회' 장학금입니다. 지금까지 50여 명의 기독인 학생들에게 혜택이 돌아갔습니다. 제게 멘토의 역할을 해 주시는 정말 제게는 아주 소중한 하나님의 사람이십니다.

이 책을 읽는 많은 분들이 정충시 회장님께서 만나신 바로 그 하나님을 만나 매일을 기적으로 사는 삶을 사시길 간절히 기도합니다. 샬롬!

현택환 석좌교수
서울대 공과대학, 기초과학연구원 나노입자연구단 단장

추천사

이 책은 정충시 장로님의 진솔, 소박하시면서 영혼의 아름다운 모습이 드러나는 신앙 일대기입니다. 한국 최고의 명문대학 화학공학과를 졸업하시고 LG화학에서 높은 위치에 있었지만 항상 주님을 최우선 순위에 두셨고, 삭막한 회사 분위기 속에서도 신우회를 창설하여 회사원들에게 믿음을 지키게 하시고 직원들에게는 늘 따뜻한 사랑과 섬김으로 일관하셨습니다.

세상 명예를 충분히 누릴 수도 있었지만 조금도 세상에 미련을 두지 않으시고 오로지 주님의 뜻을 따라 사신 감동 스토리입니다. 사회적으로 존경받는 자리에 있었지만 언제나 낮은 자리로 자원하셨고, 하나님의 음성을 따라 매순간 발걸음을 옮기셨으며, 아무리 좋은 자리라도 하나님이 원하지 않으시면 결단하시고 주님의 뜻을 우선하셨습니다.

또한 LG화학에서 저의 상사로 계실 때 신앙 상담도 아끼지 않으셨습니다. 제가 선교 비전을 나누었을 때 장로님은 기도하신 후 선교사로 나가는 것을 하나님이 기뻐하실 것이라고 격려해 주셨고, 저는 사표를 내고 2000년에 인도네시아 선교사로 파송되었습니다.

그로부터 지금까지 인도네시아 미전도 종족 람풍 사역과 롬복 사사족 사역 및 신학교에서 신약학 헬라어 원문을 가르치며 학생들을 제자로 길러내고 있습니다. 장로님은 처음부터 지금까지 동일한 관심과 사랑으로 격려해 주시며 함께 선교의 길을 걸어가고 있습니다.

《절대긍정의 믿음으로》이 신앙간증서는 분명 많은 성도들에게 도전과 격려가 될 것입니다. 기독교 실업인들에게도 선한 영향력을 끼쳐 한국의 많은 기업들이 하나님을 섬기며 축복을 받는 기업들이 되기를 소망합니다.

이석희 선교사
두란노 국제선교회 인도네시아

프롤로그

"절대긍정의 믿음으로 사람을 만나면 역사가 이루어 지고, 절대긍정의 믿음으로 하나님을 만나면 기적이 일어난다."

지금까지의 나의 삶을 이보다 더 명확하게 요약해 주는 말도 없다고 생각한다.

어린 시절부터 지금까지 학교에서, 회사에서, 사회에서 수많은 사람들을 만나면서 여러 면에서 성과를 올리고, 성공을 거두고, 성취를 이루어 왔다. 그러다 보니 한때는 나의 능력과 성과에 취해 우월감과 특권의식에 사로잡히기도 했다. 그러다가 바닥까지 내려가면서 깨닫게 된 것은 모든 것이 인간의 생사화복을 주관하시는 하나님의 은혜라는 사실이었다.

바로 이 하나님을 만나고 나니 기적이 그야말로 꼬리에 꼬리를 물고 계속되었다. 사실 하나님을 인격적으로 만난 것 자체가 나의 삶 속에서 가장 큰 기적 중의 기적이었다! 하나님께서는 내가 하나님을 알지 못한 때에도 나에게 먼저 찾아오셔서 "너는 내 것이라"고 정하시고, 은혜를 베풀어 주시고, 나의 삶 가운데 함께하시며, 큰 능력으로 기적적인 성과를 거두게 하셨다.

사람들은 나를 가리켜 듣기 좋은 소리로 "경영의 귀재"라고 했지만 그동안 내가 뭔가를 이룬 것이 있다면, 그 모든 것이 온전히 나와 함께해 주신 하나님의 은혜의 산물임을 고백한다.

"그러나 내가 나 된 것은 하나님의 은혜로 된 것이니 내게 주신 그의 은혜가 헛되지 아니하여 내가 모든 사도보다 더 많이 수고하였으나 내가 한 것이 아니요 오직 나와 함께하신 하나님의 은혜로라"(고전 15:10)

이 책은 바로 내가 사람들을 만나면서 이루어진 역사와 하나님을 만나면서 체험한 기적들을 진솔하게 기록해 나간 사례집이라고 할 수 있다. 그런 의미에서 픽션(fiction)이 아닌 넌픽션(non-fiction), 아니 하나님께서 나를 인도하신 하나의 다큐멘터리(documentary)라고 할 수 있다.

이 책을 쓰는 이유도 바로 이 때문이다. 내가 한 것이 아니라, 오롯이 하나님께서 하셨다는 것을 증언하기 위함이다. 나아가 누구든지 하나님을 믿고, 그 뜻을 물어가며 순종한다면, 그것이 무슨 일이든, 어느 때이든, 나에게 은혜를 베푸신 하나님께서 그에게도 풍성히 베풀어 주시리라는 것을 알리고 싶을 따름이다.

아니, 나 정도가 아니라 나보다도 더 크고 놀라운 결실을 주실 것이다. 하나님께서 하신다면, 누구나 그렇게 될 수 있다. 이 책은 그 사실을 독자들에게 알리고자 쓴 것이다. 절대긍정의 믿음으로 선한 꿈을 꾸고, 그 꿈을 붙잡고 이루어 주실 것을 바라보며 늘 하나님께 기도하고, 최선의 노력을 한다면 하나님께서 반드시 그 꿈을 이루어 주신다는 것을 전하고 싶다.

(눈에는 보이지 않아도 분명히 살아 계시는) 살아 계신 하나님
(어느 곳이든 계시는) 무소부재하신 하나님
(모든 것을 아시고 모든 것을 하실 수 있는) 전지전능하신 하나님

정 충 시 장로

목차

추천사 이영훈 목사(여의도순복음교회 담임목사)_ 2
이봉관 장로((사) 대한민국 국가조찬기도회 회장, 서희건설 회장)_ 4
조민제 회장(국민일보)_ 6
김영구 장로(한국기독실업인회 중앙회장)_ 8
현택환 석좌교수(서울대 공과대학, 기초과학연구원 나노입자연구단 단장)_ 10
이석희 선교사(두란노 국제선교회, 인도네시아)_ 12

프롤로그_ 14

Part 1 사람들과의 만남

1-1 믿음의 뿌리 • 24
1-2 부친의 펴보지 못한 꿈, 서울대 합격 • 29
1-3 서울 유학 생활 • 39
1-4 첫 번째 꿈 • 45
1-5 하나님이 맺어준 아내 • 48

1-6 "비야, 비야, 오지 마라!" • 54
1-7 최연소 LG화학 동경지사장 • 59

Part 2 하나님과의 만남

2-1 찾아오신 성령님 • 62
2-2 살아 계신 하나님을 확인하다 • 67
2-3 교회를 옮겨라 • 72
2-4 성령 침례를 받다 • 76
2-5 말기 암 치유의 기적 • 79
2-6 아이만 주신다면 • 89
2-7 집사님은 주의 종입니다 • 95
2-8 가장 낮은 곳에서 봉사 • 101
2-9 가는 곳마다 직장 신우회 설립 • 107

2-10 아찔했던 술 끊기 • **118**
2-11 2단계 고난 훈련소 • **127**
2-12 재물의 훈련소 • **141**

Part 3 하나님이 만든 CEO

3-1 헝가리 합작법인 기적의 회생 • **152**
3-2 고향과 친척과 아버지의 집을 떠나라 • **165**
3-3 엉뚱한 취임사 • **172**
3-4 돼지머리 고사를 없애라 • **177**
3-5 사랑 경영으로 기적의 회생 • **180**
3-6 장로 장립 직전 영적 전투 • **197**
3-7 두 번째 꿈 • **203**

Part 4 사랑의 헌신

4-1 가족 사랑 • **208**

4-2 장학금 • **214**

4-3 또 다른 십일조 • **218**

4-4 1% 사랑 나눔 캠페인 • **223**

4-5 사랑의 용돈 보내기 • **225**

4-6 멘토링 봉사 • **228**

4-7 사회 봉사 • **233**

에필로그_ 236

Part 1

사람들과의 만남

1-1
믿음의 뿌리

나의 믿음의 뿌리는 구한말 미국까지 건너가서 영어 성경을 한글로 번역하고, 선교사로 활약한 할아버지, 나보다 92세가 많은 정인태 옹이다.

벌써 고인이 되신 할머니가 나에게 구전으로 들려주셨던 이야기다.

할아버지가 소천하시자, 할아버지가 믿었던 서양 귀신을 물리치고 온 가족이 불교로 개종하였다는 승전고를 나에게 들려주었다. 할머니의 구전에 따르면, 조선 25대 철종

시대인 1862년 12월 2일 전남 순천에서 태어나신 할아버지 정인태 옹은 20세가 되던 1881년, 홀연히 자취를 감추셔서 행방불명이 되셨다고 했다.

가족들은 모두 돌아가신 줄 알았는데, 20년이 지나고 40세가 되어 1901년에 고향인 순천으로 돌아오셨다고 한다. 그동안 미국으로 건너가서 영어를 배우고 성경을 공부하고, 성경 번역 선교사로 활동하며 한글판 성경 번역에 몰두해 오셨다고 했다.

귀국하게 된 것은 성경 번역 사역을 완수하고 미국 선교사들과 함께 본격적으로 한국을 복음화하기 위해서였다. 그전에 고향인 전남 순천의 부모님께 잠깐 들러 인사를 드리고 미국 선교사와 선교하기로 한 선교지로 합류하기로 한 것이다. 그러나 죽은 줄로 알았던 아들이 돌아왔으니, 가족들에게 붙잡혀서 당초 예정하였던 곳으로 가지 못하고 22살 연하인 18세 소녀였던 할머니와 결혼을 하게 되었다. 그 후 할아버지는 순천에서 복음을 전하는 사역을 시작하셨다고 한다.

🌱 순천에 최초의 복음이 전파되었다는 사실을 찾아내다

이처럼 한국에 복음을 전파하고자 작정하신 하나님께서 할아버지를 택하셔서 성령님의 이끄심으로 미국으로 데려가시고, 20년간 한글판 성경 번역 사역을 감당하게 하셨음에도, 우리 식구들은 종교란에 기독교가 아닌 '불교'로 기록해왔다. 그렇게 된 것은 할아버지가 소천하신 후 할머니께서 기독교를 '서양 귀신'이라며 기독교 신앙에 대한 모든 서적과 자료를 불태워버리고, 토속신앙 숭배와 불교를 믿는 가정으로 바꾸어 버렸기 때문이었다.

이런 배경은 우리 집안의 종교 풍속도를 만들었고, 나도 자연스럽게 믿음의 뿌리를 잊은 채 어린 시절과 학창 시절, 그리고 사회인으로 발을 들여놓으면서 불교를 믿고 살았다. 내가 기독교로 개종한 뒤 할아버지에 대한 흔적을 찾기 위해 백방으로 노력하던 중에 우연히 튀르키예 성지순례를 다녀오는 여정에서 김덕진 목사님을 만나게 되었다.

그가 호남지방에 최초로 복음이 전래된 선교의 사적들을 찾아서 정리하고 발간한 《남도 순례》(김덕진, 강신덕 공저)

라는 책을 소개해 주었다. 그 책의 순천 편에 복음이 전해진 내용이 기록되어 있다. 219쪽에 "미국의 남장로교에서 파송된 최초 미국인 선교사 프레스턴 선교사와 코잇 선교사가 1909년에 순천에 들어왔고 그때 이미 순천 인근에 1905년 전후해서 복음이 전래되어 있었다"라고 서술되어 있다.

안타깝지만, 지금은 아무런 자료가 남아 있지 않아서 증명할 수는 없으나, 할머니가 들려주신 내용으로 미루어 보면 할아버지가 1901년 순천에 돌아오신 후 순천에서 복음을 전하는 사역을 하시지 않았을까 하고 추측할 뿐이다.

그런데 나에게 친히 찾아오셔서 개종하게 하시고 강권적으로 회개하도록 해 주신 성령 하나님께서는 142년 전 할아버지를 부르시고 성령님의 인도하심으로 미국으로 건너가서 영어를 배우고, 성경 공부를 하게 하셨다. 그리고 한글판 성경의 번역 작업을 하도록 인도하셨을 것으로 나는 충분히 짐작한다.

원래 내 이름은 족보의 돌림자 이름으로 정승훈이었는데, 내가 백일도 안 된 어느 날 백발의 할아버지가 하룻밤 묵어가시면서 아침에 나를 보시고 이름을 정충시(충성 충忠, 비로소 시始)로 지어 주셔서 호적에 올리게 되었다.

나는 늘 내 이름이 부르기도 어렵고 처음 만난 사람은 올바르게 받아 적지도 못하여 싫어했다. 그러나 성령님의 찾아오심으로 개종하고 나서 "우리 가문에서 하나님께 충성을 다시 시작하는 자"라는 사명을 깨닫게 되었고 내 이름을 사랑하게 되었다. 내 이름에 맞게 온전히 하나님께 충성을 다시 시작하는 자의 삶으로 나아가고자 한다.

1-2
부친의 펴보지 못한 꿈, 서울대 합격

내가 어렸을 때는 부친이 못을 제조하는 회사의 전문 경영인 사장으로 근무하고 있어서 비교적 부유한 환경에서 자랐다. 1960년에 목포에 딱 하나 있었던 유치원인 성모유치원을 제6회로 졸업했으니 그 지역에서는 잘사는 편이었다.

부친은 1919년 7월 2일 출생하여 일제 강점기 때 기독교 선교사들이 세운 순천 매산학교를 졸업하고 홀로 일본 동경으로 건너가서 일본대학교 법과대학을 졸업했다. 그런데 졸업하는 해에 일본이 미국에 항복을 선언하면서 사법고시가 없어져서 법조계로 진출하지 못하게 되었다. 그리고 일본의 닛코쇼켄(일흥증권, Nikko Securities Co, Ltd. Tokyo Japan)에 간부로 채용되어 근무하는 중에 조선사람은 돌아가라고 하여 한국으로 돌아오게 되었다.

이러한 경력을 바탕으로 한국에서 최초의 민간 은행인 조선무진주식회사의 여수 지점장으로 발령을 받고 근무하는 중에 1948년 10월에 여수·순천 반란 사건이 터지면서 공산 폭도들이 공공기관장과 가족을 무차별 처형하는 사태가 발발하였다. 그러자 재산은 그대로 두고 몸만 빠져나와 광주로 피난을 가게 되었다. 광주에서 전남방직공사의 전문 경영인으로 근무하던 중 6.25 전쟁이 터져서 목포로 피난을 가게 되었다. 이후 목포에서 못을 제조하는 공장의 전문 경영인으로 근무하게 되었다.

부친은 무언가 되려고 할 때마다 불가항력의 가로막힘으로 뜻을 제대로 펴보지 못한 자신의 운명에 대한 아쉬움에 늘 안타까워하셨다. 그래서 내가 초등학교에 입학한 후부터 늘 나에게 장차 서울대 공대를 지망하라고 하셨다.

장남인 나는 항상 그렇게 하겠다고 대답했다.

그런데 내가 고등학교에 입학하던 1969년에 부친은 퇴임을 하게 되었다. 실직한 시점에 그동안 모아둔 돈을 모친이 친척에게 모두 빌려주고 있었는데, 그 친척이 야반도주를 하고 말았다. 행방도 모르니 빌려주었던 돈이 몽땅 없어지는 망연자실한 상황이 되었다.

이런 상황을 알게 된 나는 장남으로서 빨리 돈을 벌어서 가족들의 생계를 돌보고, 세 명의 동생들 교육을 책임져야 한다는 가장의 책임감이 엄습해왔다. 그러기 위해서 2년제인 목포교육대학을 가서 졸업하면, 그때는 초등학교 교사가 부족하여 군대도 면제되고 바로 교사로 돈을 벌 수 있었다. 그래서 의도적으로 공부를 열심히 하지 않았다.

학교에서 수업을 듣는 것으로도 목포교육대학에 수석 입학할 자신이 있었다. 왜냐하면 나보다 성적이 나은 학생들은 모두 서울로 진학하겠다고 하였기 때문이다. 괜히 어설프게 공부하여 선생님이 연세대나 고려대를 지망하라고 한다면, 사립대 등록금도 비싸고 서울 유학 생활비를 감당할 수도 없을 테니 말이다.

그렇게 2년 6개월 동안 학교수업은 충실하게 들었으나, 집에 오면 책가방을 열지 않고 공부를 하지도 않고 허송세월을 보냈다. 고등학교 3학년 여름방학이 끝나가는 1971년 8월 26일이었다. 부친이 단둘이서 독대하자고 하여 처음으로 부자 간에 마주하고 앉았다.

부친의 마지막 꿈

먼저 부친이 자신의 삶에 대하여 설명하셨다. 자신은 성실하게 노력하고 최선을 다하려고 하였으나, 매번 운명적인 가로막힘으로 꿈을 한 번도 제대로 펴보지 못하고 살아왔다. 그리고 인생은 꿈이 없다면 살아가는 의미가 없다고 하셨다. 그래서 내가 초등학교에 입학하면서부터 자신의 꿈을 장남인 나에게 기대하고 "네가 꿈을 향해 성장해 가는 모습을 지켜보고 응원하는 것으로, 나의 꿈도 함께 키워가는 것으로 생각하고 지금까지 살아왔다"라고 하셨다.

"그런데 지켜보니 12년간 꿈으로 여기고 삶을 지탱해온 장남이 서울대 공대 지망의 꿈을 도전해보지도 않고 자포자기하고 있으니 너무나 억장이 무너진다. 부자간에 한 약속을 그렇게 쉽게 포기한다면 나는 이제 삶의 의미를 걸어볼 꿈이 없어진 것이다."

청천벽력 같은 부친의 선포였다. 부친의 삶에 있어서 마지막 꿈이 나의 서울대 공대 입학이었다고? 그만큼 큰 의미를 두고 있었는지 나는 전혀 알지 못했다.

그 상황에서 장남인 내가 할 수 있는 유일한 선택은 서울대 공대에 도전해보는 것이었다. 도전도 해보지 않고 부친의 꿈을 포기할 수는 없지 않겠는가?

◆ 부친의 꿈을 향한 도전

그 자리에서 부친과 다음과 같은 약속을 하였다.

"장남으로서 부친의 꿈을 걸고, 서울대 공대에 도전해보겠습니다. 그런데 이제 겨우 4개월밖에 시간이 남지 않았으니 1년 4개월의 도전 기간을 허락해주십시오. 4개월간 최선을 다해서 준비하여 도전해보고 실패하면 재수로 1년 더 공부하고 도전해보겠습니다. 그러나 선배들의 경우를 보면 목포고등학교에서 한 해에 서울대를 한 명, 두 명 정도 합격하는 현실이니 재수까지 하고 최선을 다해 준비하더라도 실패한다면 능력의 한계로 받아들이기로 하시지요."

그렇게 되면 차선책으로 도전하기로 약속하였다.

1972년도 대학 입학시험은 대학교별로 다양한 시험 제도를 도입하였다. 서울대를 제외한 연세대, 고려대 등은 이과는 국어, 영어, 수학, 과학 4과목만 시험을 쳤다. 그러나 서울대는 변별력을 높이기 위하여 13과목의 시험을 쳐야 했다.

국어, 영어, 제2외국어(독일어, 프랑스어 중 선택), 수학, 물리, 화학, 생물, 지구과학, 윤리, 한국사, 세계사, 지리(국내 및 세계), 정치 경제였다.

그러므로 서울대를 도전하지 않는다면 이렇게 여러 과목을 공부할 필요가 없었다. 특히 독일어는 수업 시간 외에 전혀 공부하지 않았으니 보통 난제가 아니었다.

나는 서점으로 가서 13과목별로 가장 인기가 있는 참고서를 한 권씩 샀다. 그리고 24시간 공부하는 독서실에 등록하고 공부에 매진하였다. 눈에 불을 켰다고 하는 말이 어울리겠다. 매일 하루에 4시간만 자고, 거의 20시간을 한 과목의 참고서를 붙잡고 첫 페이지부터 마지막 페이지까지 모두 사진을 찍듯이 머릿속에 저장하였다. 정말 놀라운 초능력이 발휘되었다.

기적의 초능력

하루에 참고서 한 권을 독파하다니, 그리고 전혀 손을 놓고 있던 독일어 단어도 3,500단어를 7일 만에 암기하게 되었다. 정말 믿기 어려운 일이 일어났다. 그렇게 공부하면 보통 머리가 피곤해지고 능률이 떨어지게 되는데 어찌 된 일인지 20시간 내내 머리가 맑고 깨끗한 상태로 마치 스펀지에 물이 그대로 흡수되듯이 책에 있는 내용이 머릿속에 그대로 흡수되는 놀라운 일이 벌어졌다.

그렇게 하여 100일 정도 지나니까 13권의 참고서를 7번씩 반복하게 되었다. 100일이 지나니까 내가 공부한 참고서의 내용이 시험에 나온다면 몇 페이지 어느 부분에 있다고 설명할 정도로 정확히 기억을 할 수 있게 되었다. 그래서

100점을 받을 수 있겠다고 생각되었다.

나는 공대 중에서 화학이 좋아서 화학공학과를 도전하기로 하였다. 그런데 화학공학과는 이과에서 전자공학과와 함께 합격 점수가 가장 높은 과였다.

〈진학〉이라는 잡지에서 지난 3년간 서울대 기출문제를 구입하고, 3일간 나 혼자 실제 시험 시간과 같은 방식으로 3년치 입학시험을 쳤다. 그리고 채점하고, 그해의 화학공학과 합격점수와 비교해 보니까 3년간의 시험 점수가 모두 합격선에 들었다. 그러면 이번에 합격할 수 있겠다는 자신감이 들었다.

학교에 가서 담임 선생님께 서울대 공대 화학공학과를 지망하였더니 3학년 1학기까지의 성적으로는 무모한 도전이라고 극구 만류하였다. 그러나 나는 합격할 수 있다고 끝까지 주장하여 원서를 접수하고 시험장에 갔다. 명문고등학교 학생들이 교가도 부르고 자신 있게 시험장으로 들어가는데도 불구하고, 시골에서 온 나는 합격할 수 있다는 자신감으로 충만해 있었다. 전혀 떨리지 않고 참고서에 있는 내용의 문제가 나오면 모두 정답을 적어 나갔고 시험을 잘 치고 목포의 집으로 내려왔다. 2주 후에 친척으로부터 합격했다고 전화를 받았다.

나는 4개월 공부하고 그 당시 서울대 이과에서 합격 커트라인이 가장 높았던 화학공학과에 합격하게 되었다. 이는 내 인생에 첫 번째 기적과 같은 일이었다.

온 가족이 얼싸안고 펑펑 눈물을 흘리며 기뻐하였다. 부친은 다시 꿈을 갖고 살기로 다짐하는 의미 있는 날이었고, 지금도 그날의 환희가 생생히 기억이 난다.

지금 돌이켜보면 그때는 내가 하나님을 알지도 영접하지도 못한 때였다. 그러나 하나님께서는 만세 전부터 나를 "너는 내 것이라"고 선택하셨고, 나의 삶에 관여하셨다. 하나님께서 이처럼 초능력으로 기적의 합격을 이루어 주신 것으로 생각하고, 나의 능력이 아니고 하나님께서 하셨음을 믿어 의심하지 않는다.

1-3
서울 유학 생활

나의 서울대 합격 발표가 난 후에 할머니가 돌아가셨다. 장례를 치르고 나니까 조의금이 남아서 첫 등록금을 납부하고 서울 유학 생활이 시작되었다. 친척집에 입주하여 숙식을 제공받고 고등학생인 딸의 과외 공부를 시켜주는 조건으로 대학 생활을 시작하였다. 또한 학비와 생활비를 벌어야 하므로 또 다른 가정에서 시간 과외를 일주일에 3번씩 하면서 학비와 생활비를 벌어 유학 생활을 했다.

그렇게 힘들게 대학 생활을 시작하면서 사춘기가 뒤늦게 찾아온 것일까? 태어나서 부모님께 한 번도 꾸지람을 들어 본 적이 없는 모범생으로 고등학교까지 졸업하고 대학생이 되고 보니 온실 속에서 자란 화초처럼 여겨지는 내 자신이 싫었다. 기차의 철로처럼 주어진 길만 걸어온 삶에서 궤도를 좀 벗어나고 싶은 마음이 들었다.

어느 날 명동에 나가서 또래의 재수생들과 친구가 되기로 하였다. 나는 그 친구들이 공부만 하지 않고 노는 것은 뭐든지 잘하는 것에 매료되어, 그 친구들에게 노는 것을 가르쳐 달라고 하여 함께 어울려 다니며 노는 생활에 빠져들었다. 온갖 노는 것을 다 하며 방탕한 생활로 세월을 보내다 보니 자연스럽게 학교 성적이 좋지 못하고, 과외 공부를 가르치는 것도 불성실하게 되어 그만두게 되었다.

다행스럽게도 1970년대 초에는 지금처럼 학원이나 과외 선생이 많지 않았던 시절이라 신문에 "서울대생 과외"라고 한 줄 광고를 내면 쉽게 과외 자리를 구할 수 있었다. 지금 생각해보면 대단한 특혜를 누렸다고 생각한다.

🌱 하루 9강좌 과외 수업

1학년 여름방학이 되어 목포 집으로 내려갔다. 내가 내려왔다는 소식을 듣고 목포고등학교 후배들이 찾아와서 수학 특별과외 수업을 요청하였다. 목포에서는 서울대 학생에게 과외 수업을 받을 기회가 없으니 방학 기간이 그들에게는 좋은 기회였다.

내가 이과로 공대 화학공학과 학생이니까 이과 수학을 배우고 싶어 했다. 두 달간 매일 수업을 하여 당시에 정평이 난 《수학의 정석 2》 한 권을 다 끝내는 특별과외를 해 주기로 하고, 몇 명씩 한 그룹으로 구성하여 9그룹을 받아 아침부터 하루 종일 강의를 하였다. 우리 집이 임시 사설 학원이 된 셈이다.

나는 몸은 고되고 힘들었지만 다음 학기 등록금과 유학 생활비를 벌 수 있었고, 제자들은 방학 때 수학을 총정리할 수 있는 유익한 기회여서 윈윈이 된 것 같다. 그때 제자 중에 서울대 공대 후배로 입학하기도 하였으니 보람도 있었다.

설 전날에 당장 보따리 싸서 나가라

그렇게 1학년을 마치고 겨울방학이 되었다. 친척은 사업을 하고 있었고 사업도 잘되어 넉넉하게 잘살고 있었다. 자녀들을 당시에 서울에서 좋은 사립학교인 숭의여자고등학교를 보내고 있었다. 그런데 친척은 점보는 것을 무척이나 좋아했다. 그때까지 점쟁이가 해주는 대로 사업을 하여 나름 잘되고 있었으니 절대적으로 점쟁이가 말하는 대로 했다. 음력으로 섣달 그믐날 구정 하루 전 날에 친척은 새해 운을 보기 위해 점쟁이를 찾아갔다.

그런데 그 점쟁이가 대뜸 "집에 가족이 아닌 식구가 함께 살고 있지?" 하고 말하고 나서 "내일부터 새해가 되는데 새해 첫날부터 외부 식구가 집에 있으면 큰 손재수가 있으니 오늘 당장 내보내라"고 했다. 친척은 여태까지 점쟁이 말을 듣고 사업이 잘되고 있으니 어쩔 수 없이 그 말을 듣기로 하고 나에게 미안하지만 오늘 당장 짐을 싸서 나가달라고 했다.

청천벽력과 같은 소식이었다. 전혀 생각하지도 못했고, 친척집에서, 그것도 설 전날에 당장 나가라고 하는 말에 서울 유학 생활에서 첫 번째로 마음의 상처를 받게 되었다.

어쩔 수 없이 짐을 꾸려서 그날 친구가 자취하고 있는 집으로 무작정 찾아가서 자초지종을 설명하고 하숙을 구할 때까지 며칠만 묵기로 했다. 설 연휴가 끝나고 하숙집을 알아본 후에 하숙집으로 들어갔다.

서울대 공대는 서울의 변두리인 공릉동에 있어서 기숙사가 좋은 환경에 잘 지어져서 운영되고 있었다. 형편이 되어 거기서 생활하면서 공부하고 식사도 제공받게 되면 얼마나 좋겠는가? 하지만 나는 기숙사비를 내고 들어갈 형편이 되지 못하니 그림의 떡이었다. 지방에서 올라온 친구들 중 기숙사에 기거하는 친구들이 무척이나 부럽기도 했다.

물론 하숙집도 마찬가지다. 시간 과외로 벌어서 하숙비를 지불하면 생활비가 부족하여 하숙도 한두 달 하다가 다시 숙식을 제공받는 고등학교 3학년 입주 가정교사로 가야만 했다.

고등학교 3학년 학생과 함께 생활하게 되니 저녁에 학생을 가르치고 잠도 학생이 잘 때 함께 자야 하고 식사도 그 집 음식에 감사하는 마음으로 차려준 대로 먹어야 했다.

그러다 보니 어떤 음식이든 가리지 않고 잘 먹는 훈련을 받은 셈이다. 하숙비를 절감하고 생활비를 받게 되니 금전적으로는 가장 좋은 선택이지만 개인적인 사생활이 전혀 없는 힘든 생활이었다.

생각해 보면 서울로 유학을 오기 전까지 나는 2남 4녀 형제 중에 장남으로 집안에서 특별한 우대를 받으면서 온실에서 자란 화초처럼 자랐다. 그러던 내가 서울에 와서 형편이 어려우니 남의 집에 더부살이를 할 수밖에 없었고, 주어진 환경에 불평하지 않고 참고 인내하며 견디는 훈련을 받게 된 것이다. 이러한 시간이 훗날 사회 생활을 하는 동안 참고 인내하는 원동력이 된 것 같다. 그 때는 정말 힘들었지만, 지금은 오히려 감사하는 마음이 든다. 옛 속담에 "젊어서 고생은 사서도 한다"라는 말이 맞는 것 같다.

1-4
첫 번째 꿈

🌱 방황하던 생활을 정리하다

　나에게 뒤늦게 사춘기가 찾아왔다. 나는 집안 형편이 어려워서 기숙사나 하숙집에서 안정되게 지낼 수 없고, 고등학교 3학년 입주 가정교사로 이 집, 저 집을 전전하며 의지할 곳이 없는 힘든 삶을 살게 되었다. 이러한 현실에 대한 반항심으로 놀기 좋아하는 친구들과 어울리며 방황하는 삶을 살게 되었다.
　그렇게 2년을 보내고 대학 3학년이 되면서 '이렇게 살다가 나의 미래는 어떻게 될까? 나에게 삶의 모든 희망을 걸고 계신 부친의 꿈을 제대로 펴보지도 못하게 되는 것은 아닐까?' 하는 생각이 문득 들었다.

그때 2년간 세월을 허송했던 삶을 정리하기로 결심했다. 그 친구들에게 "우리, 이제 노는 것을 정리하고, 공부하기로 하자. 너희들이 노는 것을 그동안 이끌어 주었으니 이제부터 내가 너희에게 공부를 가르쳐 주겠다"라고 제안했다. 그리고 집중적으로 공부에 대한 지침을 주고 공부에 매달리도록 하였다. 그 결과 그 친구들은 연세대, 한국외국어대, 건국대를 합격하게 되었다. 나는 지난 2년간 망친 학점을 보충하기 위해 재수강을 하면서 학교 공부에 전념하고, 삶도 원래의 모범생으로 되돌아오게 되었다.

내 삶이 올바른 삶으로 변화하고, 주어진 환경을 긍정적으로 받아들이고 나니까 고등학교 3학년 입주 가정교사를 하면서도 성실한 선생님으로 존대를 받게 되었다. 1년씩 한 학생의 집에서 가르치면서 학생은 원하는 대학에 합격하고, 나는 안정적인 생활을 하게 되었다.

나의 첫 번째 꿈

대학 3학년이 된 어느 날, 힘들게 등록금과 생활비를 벌어가면서 공부하는 삶에서 장학금은 매우 큰 도움이 되고 삶에 용기를 북돋아 주는 것이라고 생각하고, 하늘을 우러러보면서 다짐하였다.

'나는 이처럼 어렵게 공부하고 있지만 훗날 사회에 진출하여 어느 정도 생활할 수 있는 형편이 되면, 맨 먼저 나처럼 어렵게 공부하는 후배에게 장학금을 주는 사람이 꼭 되겠습니다.'

이렇게 나의 첫 번째 꿈을 마음 판에 새겼다.

1-5
하나님이 맺어준 아내

🌱 학교 축제에서 만난 여학생

박정희 대통령은 개헌을 통해 4년 임기 3선을 하고, 추가로 장기 집권을 하기 위하여 1972년 10월에 유신체제를 도입하게 되었다. 이에 반대하는 학생들의 데모가 심심찮게 일어나고 있었다.

나는 3학년부터 모범생의 삶으로 돌아오고 나서 더 이상 노는 것은 관심이 없어졌다. 매년 5월이면 대학 축제가 열리는데 참석하지 않기로 했다. 4학년 5월 초에 친구가 이번 축제가 졸업하기 전 마지막 축제이기도 하니까 참석해보라고 권유를 했다. 하지만 내가 파트너도 없고 참가하지 않겠다고 했더니 그 친구는 나에게 동아리에서 같이 활동했던 여학생을 소개해 줄 테니 부담 갖지 말고 축제에 참석해보라고 했다.

그래서 친구의 권유에 따라 애프터 미팅이 없는 조건으로 축제만 참석하기로 하고 축제 당일 학교 정문 앞 다방에서 10시에 만나기로 하였다.

축제날이니 오늘 하루는 즐겁게 보내야겠다는 생각으로 시간에 맞춰 학교 정문 앞으로 갔다. 그런데 이게 어찌된 일인가? 그날 새벽에 휴교령이 내리고 학교 정문에는 바리케이드가 쳐지고 장갑차를 동원한 군인들이 출입을 통제하고 있었다. 축제날에 학생들이 데모를 기획하고 있다는 첩보에 따른 것이다.

1975년에는 휴대폰이 없고 개인별로 통신 수단도 없던 시절이다. 휴교령으로 축제가 취소되었다는 소식을 전할 방도가 없으니 만나기로 한 다방에 가서 사정을 설명할 수

밖에 없었다.

그 여학생도 4학년이고 마지막 축제에 참가하는 만큼 한껏 예쁘게 차려 입고 하루를 즐겁게 보내려는 마음을 먹고 다방으로 왔다. 와서 보니 장갑차로 통제되어 축제가 취소된 사실에 실망의 눈빛이 보였다.

그래서 나는 즉석 제안을 하였다. "어차피 오늘 하루는 축제에 참석하기로 마음을 먹고 왔는데 휴교령으로 취소되었으니 우리 둘이서 축제를 참석하는 마음으로 즐겁게 시간을 보내고 헤어집시다."

그랬더니 좋다고 하여 둘이서 그 당시 연인들의 나들이 코스로 인기 있었던 안양유원지로 갔다. 딸기밭에서 싱싱한 딸기를 따서 먹고, 2인승 보트를 타고 서로의 살아온 삶을 자연스럽게 이야기를 나누었다. 나는 그녀의 순수함에 이끌리는 마음이 들었고, 그녀도 나와의 대화가 좋았던 것 같았다.

서울에 돌아와서 당초 친구와 오늘의 만남은 서로 4학년이니까 애프터 미팅을 하지 않기로 정했지만, 그녀를 좀 더 만나보고 싶어서 다시 만나기를 청했다. 그랬더니 흔쾌히 받아 주었다. 이렇게 만나면서 우리는 연인으로 발전하게 되었다.

🌱 엉뚱한 결혼 조건

하나님께서 예비하시고 맺어준 인연은 우리가 생각하지 못한 방법으로 자연스럽게 하나님이 이끌어 가신다. 우리 둘을 소개해준 친구도 축제 때 한 번의 만남으로 끝나는 것으로 생각하였다. 그러나 하나님은 그 만남을 통하여 배우자를 예비하셨으니 그 뜻을 어찌 알 수가 있을까? 만나면 만날수록 서로 좋은 감정이 자라게 되고 마침내 결혼을 생각하게 되었다.

나는 군대 신체검사에서 고도근시로 제2국민역으로 편입되면서 징집면제 판정을 받고 바로 직장 생활을 할 수 있게 되었다. 대학 4학년 7월에 LG화학에 입사가 결정되고 그해 11월 1일부터 입사하여 근무를 시작하기로 했다. 1975년 10월에 나는 이 사람과 결혼하겠다고 마음먹고, 취업 후 3-4년 후에 생활에 자리가 잡히면 나와 결혼을 해달라고 청혼을 하였다. 그랬더니 두 가지를 이야기했다.

첫째는 "왜 나에게 결혼을 하자고 하나요?"였다.

나의 대답은 이러했다. "하얀 백지와 같은 당신의 순수함이 좋아요. 그 백지에 우리 함께 우리의 그림을 그려 갑시다." 그러자 그녀는 마음에 들었는지 웃으면서 두 번째로 "결혼 허락의 한 가지 조건을 평생 지키기로 약속해주세요" 하는 것이었다.

"평생 교회 가자고 하지 않기로 약속을 해주세요."

정말 생각하지도 못한 조건이었다. 나는 엉뚱한 조건이지만 주저하지 않고 그 약속을 평생 지키겠다고 약속을 하고 결혼 허락을 받았다. 그때까지만 해도 우리 가문에는 아무도 교회 다니는 사람이 없었고, 부모님은 불교 신자로 절에 다니고 있었기 때문에 쉽게 약속할 수 있었다.

아내는 전라남도 영광에서 태어났고, 부친은 전남대학교 의과대학을 졸업하고 영광에서 병원을 운영하시며 부유하게 생활하였다. 그런데 모친이 열성적인 신앙인으로 자녀들에게 강요해 교회를 다니게 하였다. 억지로 교회에 가라고 하니까 어린 마음에 반발심이 생기고, 형식적으로 교회에 나갔으나 믿음은 자라지 않았다. 그러다가 서울에서 대학 생활을 하면서 교회와 멀어지게 되었다. 어렸을 때 모친이 교회 가라고 강요했던 것이 트라우마로 자리 잡았는지도 모른다.

1-6
"비야, 비야, 오지 마라!"

지금도 바람이 불고 비가 오는 날이면, 가끔 가난했던 시절이 떠오른다. 이제는 기억에서 지워질 때도 된 것 같은데, 상흔처럼 남아 내 마음을 뒤흔든다. 그땐 참 가난했었지. 물론 나만 그러진 않았을 것이지만…내 세대만 해도 가난한 사람들이 거리에 넘쳐흘렀다.

나는 중학교까지는 부유하게 생활하다가 고등학교에 들어가면서 집안이 어려워지게 되었다. 아내는 의사이신 부친의 영향으로 부유하게 살다가, 대학생일 때 연거푸 의료 사고가 나면서 악덕 브로커로 인해 가산을 탕진하고 어려워진 상태였다. 그런 가운데 나와 결혼을 하게 되니 둘 다 빈손으로 수저 두 벌만 가지고 사랑하는 마음 하나로 신혼생활을 시작하였다.

흙수저 인생으로 시작하다

결혼도 형편이 어려워서 퇴계로에 있는 '행복예식장'을 토요일 오후 1시에 예약했다. 남들은 제주도로, 부산으로 혹은 외국으로 신혼여행을 떠나는데 그럴 형편이 되지 않아서 안 가기로 했다.

나는 그 당시 LG화학 플라스틱 제2사업부 기획부에 근무하고 있었다. 그 당시 사업부장님이 신혼여행을 어디로 가느냐고 물어보셔서 "예약을 못했습니다"라고 얼버무렸다. 그러자 "내가 일을 너무 많이 시켜서 일하느라 제대로 신혼여행 예약도 못했나 보네요"라고 하시면서 "나는 주말에 차를 사용하지 않아도 되니까 내 차로 온양온천으로 가서 하루 묵고 오세요" 하시면서 선뜻 차를 내주셨다. 그래서 온양온천에 여관 방 하나를 구해 신혼여행을 가게 되었다.

예약도 없이 갔지만 다행히 깨끗한 여관에 방 하나를 잡을 수 있었다. 여장을 풀고 하룻밤을 행복하게 보내고 아침에 일어나 보니 온세상이 하얀 눈으로 덮여 있었다. 밤새 눈이 소복하게 내려 새롭게 시작하는 우리 가정을 하늘에서 축복해주는 것 같았다.

어려웠던 신혼 시절에 차를 선뜻 내주시며 은혜를 베풀어 주신 사업부장님의 따뜻한 배려를 잊지 않고 있다가 40년이 지나서 연로하신 그분을 고급호텔 레스토랑으로 초대하여 40년 전 베풀어 주신 은혜에 선물과 함께 감사를 드렸다.

신혼집으로 가장 싼 방을 찾으니 반지하 방이었다. 단독주택의 차고를 개조하여 방을 만들어서 부엌이 바로 옆에 없고, 주인집 대문을 열고 주인집 모퉁이에 간이 부엌을 만들어 사용하였다. 그래서 아내가 밥을 하여 쟁반에 담고 대문을 거쳐서 반지하 방으로 가져오면 식사를 했다.

그런데 비가 오는 날은 쟁반을 들고 우산을 쓸 수가 없으니 밥과 국, 반찬이 비에 다 젖게 된 것을 먹어야 하니까,

비가 오는 날이 가장 싫었다. 날씨가 흐려지면 늘 했던 말이 생각난다. "비야, 비야, 오지 마라!"

    결혼하고 얼마 지나지 않았을 때였다. 선풍기 하나를 샀다. 얼마나 기뻤는지 모른다. 바람도 통하지 않는 반지하 방은 장마철마다 곰팡이 냄새로 가득했다. 선풍기라도 하나 있으면, 바람을 불어서라도 밖으로 냄새를 내쫓겠는데, 이놈의 신접 살림살이가 그 하나조차도 장만할 여유를 주지 않았다. 아내에게도 그 일이 너무 미안해 늘 마음에 부담이 되었다.

    어느 여름철, 큰마음을 먹고 선풍기를 사버렸다. 당장 그 달 경제 사정이 어떻게 되든지, 너무나 선풍기가 갖고 싶었기 때문이다. 그 선풍기를 버스에 싣고 먼 길을 달려 집 앞에 도착했을 때, 나의 의기양양함이란! 지금도 기억에 선하다.

    그러다가 형편이 조금 나아져서 부엌이 바로 방 옆에 있는 집으로 이사를 가서 비가 와도 걱정을 하지 않아도 되니 얼마나 기뻐했는지 모른다. 그리고 14인치 칼라 텔레비전을 사던 날, 너무 좋아서 아내와 함께 밤새 잠을 이루지 못하고 뒤척였던 기억이 지금도 가끔 떠오르곤 한다.

그 후에 방 두 개와 거실, 부엌, 화장실을 갖춘 2층 단독주택 전셋집으로 이사 간 날, 밤새 잠을 설치던 시절도 있었다.

하나님께서 이처럼 나를 젊은 시절에 가난에 처하도록 하여 그 시절을 항상 기억하게 하신다. 그리하여 가난한 사람들을 이해하게 하시고, 부유한 자나 가난한 자를 차별하지 않고 존대하고 똑같은 하나님의 자녀로 대하는 마음을 주셨던 것 같다.

그때의 내가 없었더라면, 지금처럼 많은 사람들과 나눌 수 있음에 감사하는 삶의 자세가 없었을 것 같다. 진심으로 하나님께 감사드린다.

1-7
최연소 LG화학 동경지사장

나는 1975년 11월 1일자로 LG화학에 입사하여 1년간 부산 동래공장 기술부에서 신제품 개발 업무를 담당하고, 본사 기획부로 올라와서 사업부 경영 전반의 업무를 맡았다. 당시에 대기업의 신제품 개발은 일본 선두업체들의 최신 제품에 대해 최대한 빨리 모방 제품을 만들어 출시하는 것이었다.

그때만 하더라도 거의 모든 생산 설비를 일본에서 수입해야만 했고, 많은 화학 원료들이 국내에서는 거의 생산되지 않아서 일본에서 수입하여 제품을 생산해야만 했다. 그러므로 기술적인 협상이나 원재료 수입 협상, 제조 설비 수입 협상 등이 거의 일본 회사들과 이루어졌다.

한편 나는 대학생 때 방학기간을 이용해 일본어를 공부해 두었던 터라 회사에서 일본 회사 관련 창구를 맡게 되어, 일본 회사 사람이 서울에 오면 내가 맡아서 통역하고 협의하며 공장을 안내하기도 하면서 일본어가 더욱 능숙하게 되었다.

🌱 준비된 자가 기회를 얻는다

그러던 중에 1984년 5월 1일자로 동경지사장으로 발령을 받았다. 만 30세에 최연소 해외 지사장으로 나가게 되었다.

'항상 준비된 자가 기회가 왔을 때 잡을 수 있다'는 말이 맞는 것 같다. 일본어를 준비해 두었으므로 동경지사장의 기회를 얻게 되었고, 동경지사장의 경력이 훗날 CEO로 성장할 수 있는 초석이 되었다고 생각한다.

Part 2

하나님과의 만남

2-1
찾아오신 성령님

    1984년 5월 1일자로 LG화학 일본지사장으로 발령받은 지 2년 6개월 정도 지나던 1986년 10월 어느 날이었다. 그 날은 토요일이어서 일찍 잠자리에 들었다. 한참 곤히 자고 있었는데, 누군가가 다짜고짜 홍두깨 같은 큰 몽둥이로 나를 사정없이 때리기 시작했다. 나는 침대에서 일어나 허공을 향하여 주먹을 날려 보았으나 부질없었다. 상대방이 보이지 않으니까 허공에 주먹질을 해도 소용이 없었다. 얼마나 아프던지, 나는 계속 고통을 호소했다.

밤새 이렇게 보이지도 않고 잡히지도 않는 허공 속의 실체와 싸우다가 이러다가 죽겠다 싶은 생각이 들어 결국 무릎을 꿇고 목숨만 살려 달라고 애원하며 빌었다. 그제서야 매가 멈췄다. 그리고 모습은 보이지 않고 음성이 들렸다.

"살고 싶냐?"

"네, 목숨만 제발 살려주세요."

"그럼 한 가지 나와 약속을 지켜라. 그 약속을 지키지 않으면 네 목숨을 바로 거두어 가겠다."

"네, 살려만 주신다면, 그 약속을 평생 반드시 지키겠습니다."

"그럼, 해가 뜨면 교회에 나가서 하나님을 믿어라. 그럼 살려 줄게!"

"네. 그렇게 쉬운 약속이라면 평생 지키겠습니다."

나는 살고 싶은 마음에 그분께 굳게 약속하였다.

굳게 약속을 마치자, 방의 한 면이 초대형 스크린으로 변하였다.

🌱 회개의 눈물

나는 태어나서 고등학교를 졸업할 때까지는 모범생으로 살았고 부모님이나 선생님께 한 번도 꾸지람을 들어본 적이 없었다. 그러다가 대학교 1, 2학년 시절에 놀기를 좋아하던 친구들과 어울려 지내면서 저지른 잘못된 일들을 동영상으로 보여주기 시작했다. 그동안 잊고 있었던 나의 추한 과거의 모습이 줄을 이어 계속 나타났다.

너무 창피하고, 뉘우치는 마음이 복받쳐 오르면서 눈물이 주체할 수 없이 흘러내렸다. 그렇게 눈물을 흘리며 나의 과거의 추하고 잘못된 삶이 한 장면, 한 장면 지나고 나서 바로 최근의 장면을 보여주셨다.

동영상의 주인공인 나의 최근 모습을 관객의 입장에서 바라보니, 교만한 자였음을 깨닫게 되었다. 그래서 나는 "다시는 교만하지 않고 겸손한 삶으로 변화하겠습니다"라고 고백하며 교만에 대한 속죄의 눈물을 한없이 흘렸다. 그러고 나니까 마침내 동영상이 끝나고 다시 원래의 벽으로 돌아갔다.

잘못된 지난 삶을 뉘우치는 회개의 눈물과 함께 교만에 빠진 삶에서 겸손한 삶으로 되돌아가겠다는 다짐의 눈물을 흘렸다. 태어나서 지금까지 흘린 모든 눈물을 합친 것보다 더 많은 속죄의 눈물을 그날 밤에 흘렸다.

그때 깊은 잠을 곤하게 자던 아내가 부스스 눈을 뜨고 일어나서 소스라치게 놀랐다. 나는 아내에게 지금까지 얘기를 자세하게 했다.

❦ 결혼 승낙 조건을 아내가 스스로 깨다

이제 내가 살기 위해 약속한 한 가지를 지키기 위해 해가 뜨면 함께 교회에 가자고 아내에게 얘기했다. 그랬더니 아내는 깜짝 놀랐다. 왜냐하면 아내가 나와의 결혼을 승낙하는 유일한 조건이 평생 교회 가자고 하지 않겠다는 것이었는데, 최근에 스스로 이 약속을 깨고 교회에 나가고 있었기 때문이다.

그 이유는 2주 전 소천하신 장인어른이 꿈에 나타나서 "너는 꼭 교회에 가서 하나님을 믿어라"라고 말씀하셨다는 것이다. 그래서 나에게 말하지 않은 채 다니고 있었다. 하나님은 내가 약속을 깨지 않아도 되도록 아내를 먼저 인도해 주셨다.

그때는 내가 불교 신자였고 우리 집안이 모두 불교를 믿었다. 기독교 신자가 아무도 없었으니 자신 있게 그 조건을 지키겠다고 약속하고 지켜왔다. 그런데 그 약속을 깨고 교회에 가자고 하니까 아내는 놀라면서 쾌히 승낙해 주었다. 그렇게 해서 약속대로 몇 시간 후 일요일 아침 동이 트자 아내가 먼저 다니던 '동경성결교회'에 두 딸을 데리고 첫 출석을 했다.

평소에는 교회에 들어가는 것조차 싫게 느껴졌는데, 그날 십자가를 보는 순간 마음에 평화가 다가왔다. 십자가에 좀더 가까이 가고자 우리 가족은 맨 앞자리에 앉아 예배를 드렸다. 그 후부터 우리 가족은 항상 맨 앞자리에 앉아 신앙에 몰두하는 생활을 하기 시작했다.

2-2
살아 계신 하나님을 확인하다

신앙생활을 처음 시작할 당시, 내게는 풀리지 않는 숙제가 있었다.

그것은 회사에서의 인간관계였다.

나는 일본지사장으로 발령받은 해에 30세였다. LG그룹에서 최연소 해외지사장이었다. 그리고 32세가 되던 1986년에 LG그룹에서 최연소 부장으로 승진하게 되었다.

일본에서의 지사장 생활에서 뜻하지 않은 사람들을 만나 기적과 같은 성과들을 쌓아 나갔다. 그러나 그것은 또 다른 그림자를 만들고 있었고, 나는 그것을 알지 못했다. 그것은 내 속에 움트고 있는 교만과 더욱 상승하고자 하는 성취욕이었다. 최연소 지사장이라는 긍지에 당시 32세에 최연소 부장으로 승진했으니, 나의 패기가 어우러져 한계를 모르는 무서운 열정으로 일에 몰두했다.

그렇게 해서 생각 밖으로 일이 잘 풀려나가면서 놀라운 성과를 얻게 되고 주위로부터 칭송이 잇따르자, 나도 모르는 사이에 교만이 찾아왔다. 주변에서는 내가 교만해졌다고 생각하는데, 나는 전혀 인식하지 못하고 있었다. 이 때문에 인간관계가 점점 어려워지게 되었다.

성경에 교만에 대하여 다음과 같이 말씀하신다.

"교만이 오면 욕도 오거니와"(잠 11:2)

"교만은 패망의 선봉이요 넘어짐의 앞잡이니라"(잠 16:18)

그렇다. 나는 좋은 성과를 내고 있었지만 교만이 찾아오자 여러 동료, 선배들로부터 욕이 들려왔다. 나를 따돌리는 분위기로 인해 인간관계가 점점 어려워졌다.

나는 이 문제를 인간적인 방법으로 풀어보려고 발버둥을 쳤다. 그런데 발버둥을 치면 칠수록 동료와 선배들은 내가 없는 자리에서 나에 대한 적개심을 노골적으로 드러냈다. 눈앞이 캄캄했다. 그동안 쌓았던 거대한 탑이 곧 무너질 것만 같았다. 한 사람씩 대화를 통하여 풀어보려고 노력했지만 풀리지 않고 더 많은 사람이 등을 돌리기 시작했다.

그러는 동안 내 몰골도 말이 아니게 초췌해져 갔다. 성령님께서 찾아오시기 직전인 1986년 가을에 나의 체중은 54kg로 줄어들었다. 키가 170cm이므로 그야말로 뼈에 살갗만 붙여 놓은 꼴이었다. 어느새 나는 깡마르고 신경질적인 모습으로 변해가고 있었고 거기에다 초기 고혈압까지 생겼다.

이러다가 동경지사장이란 드높은 깃발이 갈가리 찢어질 것만 같았다. 그런 무렵에 성령님께서 친히 찾아오셔서 강권적으로 하나님을 영접하게 하시고, 나의 교만했던 모습을 동영상을 통하여 보여주며 깨닫게 하셨다. 철저한 회개의 눈물을 흘림으로 겸손한 삶으로 변화시켜 주시고, 성령님의 인도하심으로 신앙생활을 시작하게 되었다.

목사님을 통하여 하나님은 무소부재하시고 전지전능하시다는 가르침을 받았다. 즉, 어디든지 계시니까 내가 동경에서 기도하면 서울에 있는 어떤 사람에게도 동시에 역사하실 수 있고, 모든 것을 아시고 어떠한 것이라도 하시고자 하면 하실 수 있는 분이라는 것을 배웠다. 그래서 과연 그런 분인지 확인해 보기로 하였다.

먼저 내가 겸손한 마음으로 주님께 지금 처해 있는 어려운 상황을 말씀드렸다.
"제가 동경에서 기도할 테니 하나님은 서울에 있는, 나를 미워하는 모든 분들을 아시니까 그분들의 마음을 되돌려주세요"라고 기도만 했다. 내가 직접 변명하거나 설득해 보려고 하는 행동을 일체 중단하고, 하나님께 다 맡겨드리고 하나님께서 하시는 것을 기다리기로 하였다.

그렇게 기도하기를 약 3개월 정도 지났을까? 한 사람, 두 사람으로 시작해서 나를 좋지 않게 보던 모든 분들이 "내가 너를 왜 미워했는지 모르겠구나"라고 오해했음을 고백하고 다시 좋은 인간관계로 풀어지게 되었다.

정말 놀라운 체험이었다. 이로써 나 같은 초신자라 하더라도 성경에서 말씀하신 바와 같이 내 기도를 들어주시고, 무소부재하신 하나님께서 내가 동경에서 기도하는데 서울에 있는 여러 사람을 동시에 터치해 주셨다. 그리고 전지전능하신 하나님께서 어떤 사람들이 나를 좋지 않게 여기는지 다 아시고 그분들의 마음을 모두 되돌려주시는 놀라운 능력을 보여 주셨다.

그러므로 그날 이후 의심하지 않고 살아계신 하나님, 무소부재하신 하나님, 전지전능하신 하나님을 온전히 믿기로 다짐하였다.

2-3
교회를 옮겨라

1986년 10월말부터 동경성결교회에서 성도로서 모범적인 신앙생활을 하였다. 1987년 봄에 믿음을 갖고 6개월이 지나자 서리집사 직분을 받을 정도로 교회에 충성을 하고 인정을 받게 되면서 신앙이 성장해 갔다. 목사님은 인품이 좋으시고 성경강해 형식으로 성경을 잘 풀어서 설교해 주셨다. 성경을 처음 배워가는 나에게 유익한 말씀이었다.

그런데 나는 처음부터 성령의 체험으로 교회에 나오게 되었기에, 성경강해 형식의 예배에 영적인 갈급함을 느끼게 되었다. 1987년 가을부터 본사에서 찾아오는 출장자나 심지어 거래선의 간부들과 함께 저녁 식사를 할 때 신앙 이야기가 나오면 나에게 어김없이 본사 출장을 가면 여의도순복음교회와 최자실금식기도원을 꼭 가보라는 권유를 받았다. 그래서 '혹시 하나님께서 여의도순복음교회에서 신앙생활을 하고 섬기라는 뜻이 아닐까?' 하는 생각이 들어 관심이 생겼다.

마침 1987년 12월 31일 동경순복음교회에서 송구영신 예배가 있어서 어린 두 딸과 함께 온 가족이 예배에 참석하기로 하였다. 참석하기 전에 아내와 딸들에게 "동경순복음교회 예배 후에 온 가족에게 하나님이 그 교회에서 신앙생활을 하라는 뜻이 느껴지면 하나님께서 교회를 옮겨서 섬기라고 하시는 뜻으로 알고 순종하자"라고 약속을 했다. 그렇게 약속을 하고 동경순복음교회 송구영신 예배에 참석하였다. 그때까지 동경성결교회에서는 묵상 기도만 하다가 동경순복음교회에서는 박수치며 찬양을 하고, 통성기도와 방언기도를 하는 모습에 너무 놀라고 정신이 없었다. 그러면서 마음 깊은 곳에서 알 수 없는 뜨거움이 솟아오르며 기쁨이 느껴지고 시원함을 맛보았다.

집에 돌아와서 아내와 두 딸들에게 의견을 물어보니 만장일치로 같은 마음이었다. "그러면 하나님께서 우리 가족에게 이제 동경순복음교회에서 신앙생활을 하고 그 교회를 섬기라는 뜻을 함께 확인하였으니 하나님의 뜻에 순종하고 옮겨서 신앙생활을 하자." 이렇게 선포하고 우리 가족은 1988년 1월부터 동경순복음교회에 등록하고 신앙생활을 이어 갔다.

여러 교회가 모두 하나님을 섬기는 교회이지만, 하나님께서는 각 사람에게 어느 교회를 섬기라고 명령하시기도 한다고 생각한다. 하나님의 명령에는 절대 순종하는 것이 맞다고 생각한다. 하나님께서 자녀 된 우리 성도를 각 교회에서 적재 적소에 사용하고자 하시는 뜻에 따라야 한다.

나의 관점에서 좋아 보이는 곳이 아니고, 하나님의 관점에서 정하시는 결정에 순종하는 것이 중요하다.

2-4
성령 침례를 받다

하나님을 영접하고 1년 반 정도 지난 1988년 봄, 나는 LG화학 동경지사장으로 동경에 주재하고 있었다. 그때는 여의도순복음교회 조용기 목사님이 일본인 일천만을 구원하자고 하는 "일본 일천만 구령 운동"을 활발하게 펼치고 계실 때였다. 목사님께서는 일본 동경 무도관에서 대규모 성회를 인도하시기 위해 동경 뉴오타니호텔에 묵으셨다.

성회가 있는 날, 목사님께서는 새벽 일찍 일어나셔서 몇 시간 동안 간절히 기도하시고 성령의 충만함을 채우시고 아침 식사를 하기 위해 식당으로 내려오셨다. 그때 동경순 복음교회 전도사님이 조용기 목사님께 나를 소개하고 안수기도를 부탁드렸다. 성회에 가시기 전이라 안수하기를 머뭇거리셨는데, 다시 간절히 요청을 드리고 내가 무릎을 꿇으니까 머리에 안수기도를 시작하셨다.

성령의 폭포수

안수기도를 시작하자 성령이 임하시고, 나는 고압 전류에 감전된 것처럼 온몸에 전율이 흘렀다. 성령이 폭포수처럼 흘러서 조금 후 나는 대규모 수족관에서 헤엄치는 물고기처럼 성령의 바다에서 온몸이 떠다니며 헤엄치는 신비한 성령의 침례를 받게 되었다.

성령 침례 후 방언을 받고, 나와 하나님 간에 영적인 통로가 개통된 것을 체험하게 되었고, 성령님과 영적인 교제가 시작되는 기쁨을 맛보게 되었다. 하나님 중심의 믿음이 굳건하게 자라는 계기가 마련되었다.

지금은 천국에 가셨지만, 그날 성령 침례를 베풀어 주신 여의도순복음교회 초대 위임목사셨던 고 조용기 목사님께 감사드린다.

2-5
말기 암 치유의 기적

1988년 봄에 조용기 목사님으로부터 성령 침례를 받고 영적인 소통이 시작된 이후 기도의 효과를 만끽했다. 그러자 신앙생활의 재미가 쏠쏠할 뿐만 아니라, 하나님이 너무 좋아졌다. 이렇게 좋은 하나님을 나만 혼자 즐기며 살기에 아깝다는 생각이 들었다.

그러자 바로 머리에 떠오른 분이 있었다. 아버지, 그리고 어머니였다. 부모님도 나처럼 기독교 신앙을 받아들여서 훗날 할아버지와 함께 아버지, 어머니도 천국에서 영생을 누리기를 간절히 소망했다. 특히 부모님들이 연로하시기 때문에 전도할 시간이 많이 남지 않아서 더 간절하였다.

그때부터 나는 부모님 전도를 위해 기도하면서 끈질기게 부모님께 하나님을 믿어 보시도록 권했다. 그러나 부모님 역시 끈질기게 나의 제안을 거부했다. 거부의 명목은 당신들이 이 세상에 살 날이 얼마 남지 않았다는 구실이었다. 너나 열심히 믿으라며 아들의 제의를 차갑게 거절하곤 했다. 전도 대상자 중에서 부모님을 전도하는 것이 가장 어려운 것 같다.

⚘ 방광암 말기 판정

그러던 중, 아마도 1988년 9월쯤으로 기억된다. 그때 한국에서는 88올림픽이 열리고 있었다. 그래서 지금도 또렷하게 기억이 난다. 그날따라 동경순복음교회 주일예배 때 부모님 전도를 위해 하나님께 간절히 기도를 드렸는데, 이전에는 결코 느껴보지 못했던 부모님의 구원에 대한 확신이 왔다. 그러면서 마음이 뜨거워지고 이제 부모님이 하나님을 영접할 것이라는 확신이 들었다.

나는 너무 기뻐서 집에 돌아오자마자 한국으로 국제전화를 걸었다. 아버지와 어머니께 "오늘부터 절에 가지 말고, 하나님 믿으세요"라고 하면, '아멘' 하시면서 곧바로 받아들이실 줄 알았다.

그런데 그만 청천벽력과 같은 소식을 접하고 말았다. 며칠 전 전남대학병원에서 아버지가 방광암 말기 판정을 받았다는 것이었다. 너무 위급한 상황이어서 급히 수술 날짜를 잡아 보름 후면 수술을 하게 될 것이라고 했다. 그러나 의사의 말로는 수술은 해보지만 방광암 말기라서 살 수 있는 확률이 매우 낮다는 것이었다. 수화기를 통해 들려오는 어머니의 한숨 소리에 내 가슴도 철렁 내려앉았다. 그동안 해외에 나와 있느라 아버지를 제대로 챙겨드리지 못했다는 죄책감이 몰려오면서, 나도 모르게 입술 사이로 "주여!" 하는 소리가 나왔다.

우선 어머니를 위로할 말을 찾으려 했다. 그러나 머릿속은 하얗게 아무 생각도 떠오르지 않았다. 그 순간, 수화기에서는 이제 아버지가 돌아가시게 되었다고 어머니가 통곡하는 소리가 들려왔다. 그런데 수화기를 대지 않은 반대편

귀에 성령님께서 "오늘 너를 통해 부모님 전도를 이루게 하겠다"라고 하신 것을 강하게 상기시켜 주셨다. 이 기회를 살려서 부모님이 하나님을 영접하게 하라고 명령하셨다. 나는 담대하게 어머니에게 말씀드렸다.

"어머니, 제가 믿는 하나님은 말기 암도 치료해 주실 수 있는 전능하신 분인데 저와 함께 하나님께 치료해 주시도록 기도해 보시겠어요?"

"아니, 살려만 주신다면 무엇이라도 할 테니 어떻게 기도하면 되는지 알려 주라."

"그럼 한 가지 먼저 아들과 약속해 주세요. 만약 하나님께서 말기 암을 치료해 주시면 곧바로 절에 가서 등록한 이름을 다 없애고, 즉시 가까운 교회에 등록하시고 하나님을 죽는 날까지 믿기로 해요. 이 약속을 꼭 지키시겠어요?"

"살려만 주신다면 꼭 그렇게 지키겠다."

"그럼 이제 종이와 펜을 준비하시고 제가 불러주는 기도문을 받아 적으세요."

"하나님 아버지, 지금까지 하나님을 알지 못하고 방황하며 살아온 것을 용서하여 주십시오. 이제 방광암 말기 판정을 받았습니다. 저를 불쌍히 여겨 주시고 말기 방광암을 치료하여 주시기를 간절히 소망합니다. 하나님께서 저의 방광암을 치료하여 주시면, 죽는 날까지 하나님을 믿고 의지하며 살겠습니다. 예수님 이름으로 기도합니다. 아멘."

치유를 위한 금식기도

"내일 아침부터 아버지와 어머니가 함께 이 기도문을 들고 아침 7시 전에 가까운 이웃 교회를 찾아가서 맨 앞자리에 두 분이 앉아서 7시부터 이 기도문을 수십 번 반복하여 읽고 또 읽고 하다가 마음이 후련해지면 그때 집으로 돌아가세요. 아들이 동경에서 아침 7시부터 금식하고 간절히 함께 기도하겠습니다.

하나님은 무소부재하셔서 동경에서 아들이 기도하면 한국 광주에서도 동시에 임하시는 분이니까 아들이 옆에 함께 앉아서 같이 기도 드리는 것과 마찬가지입니다.

여태까지는 교회에 들어가면 뭔가 꺼리는 마음이 들었

을 텐데 내일 아침부터 교회에 들어가시면 아주 편안한 마음이 들 것입니다. 그리고 그런 마음이 들면 아들이 동경에서 기도한 것이 광주에 있는 그 교회에 도달한 것으로 생각하시고 든든한 마음으로 기도문의 뜻을 음미하며 읽으시면 됩니다."

"아니, 이렇게 간단한 것이면 그렇게 하겠다."

이렇게 국제전화를 끊고 나니 겁이 덜컥 났다. 어떻게 그런 말이 내 입에서 나올 수 있었을까?

나도 하나님을 믿고 겨우 1년 10개월 된 서리집사 신분인데 감히 사람의 목숨을 구하는 일에 하나님의 이름을 걸고 말할 수 있었다니, 지금 생각해도 정말 이해할 수 없는 담대한 약속이었다.

그러나 그 순간, 무엇 때문인지는 모르나 함께 기도를 드리면 살아 계신 하나님께서 아버지의 생명을 살려 주실 것이고, 그것을 계기로 부모님이 하나님을 영접하게 될 것이라는 확신이 들었다.

지금까지 내 생애를 통틀어 그때처럼 강력한 확신을 가

진 적이 없었다. 아마도 나를 낳아 주신 육신의 아버지 생명과 우리 가족의 구원을 담보로 하였기 때문이었다는 생각이 든다.

나도 모르게 한쪽 귀에 들리는 성령님의 말씀대로 담대하게, 하나님께서 말기 암 치유의 은사를 베풀어 주실 것이라고 부모님께 선포했다. 그리고 부모님께서는 그 조건으로 예수님을 믿겠다는 약속을 해주셨다.
"하나님, 만일 하나님께서 치료해 주시지 않으면, 아버지는 하나님을 영접하지 못하고 돌아가실 것이고 어머니는 실망하여 다시 전도하기는 불가능할 것입니다. 내가 믿는 무소부재하신 하나님, 전지전능하신 하나님을 누구에게 전하기 어려워집니다. 그러니 살아 계신 하나님! 꼭 치료해 주세요."
나는 떼를 쓰고 금식하며 기도에 매달렸다.

치유의 기적

일주일 후에 조심스럽게 어머니께 전화를 드렸다. 그런

데 이게 웬 말인가? 낭보였다. 소변에 섞여 나오던 피가 멈추었다는 것이다. 통증도 사라졌다고 했다. 어떻게 이런 일이 기도를 시작한 지 불과 일주일 만에 일어날 수 있을까? 나는 하나님을 믿으면서도 그런 빠른 응답을 받아들일 수가 없었다. 그래서 수술이 잡힌 날까지 기도를 계속하자고 했다.

정말이었다. 하나님은 나의 부친에게 치료의 손길을 베푸신 것이었다. 수술 잡힌 전날에 병원에 입원하고 수술 전 검사를 하였더니, 호두만 하던 암 덩어리가 흔적만 남고 없어졌다는 것이다. 그래서 수술이 필요 없게 되었다는 것이다.

수술을 집도하기로 한 의사가 어떻게 이런 일이 생길 수 있냐고 놀라며 물어봤다고 한다. 그러자 부모님께서는 우리 아들이 동경에서 금식기도 하고 우리는 기도문을 매일 아침 읽고 또 읽었다고 대답하셨다. 의사선생님께서도 "정말 놀라운 일입니다. 환자분 보호자께서 믿으시는 하나님께서 기적의 치료를 해 주신 것 같습니다"라고 말하면서 아버지를 바로 퇴원하도록 했다.

🌱 부모님께서 하나님을 영접

어머니는 어떻게 이런 일이 있느냐 하며 몇 번이고 내게 고마움을 표현했다. 내가 아니다. 하나님께서 아버지를 불쌍히 여기시고 만져 주셨기 때문에 그런 기적이 일어난 것이다.

이 기적을 체험하신 부모님은 참으로 하나님은 살아계시고 무소부재하시고 전지전능하신 분이라고 인정하셨다. 나는 어머니에게 시간과 공간을 초월해 역사하시는 하나님의 능력에 대해서 말씀드리고, 비록 아들과 몸은 떨어져 있지만, 기도를 통하여 마음으로 하나 되어 하나님을 믿고 새 삶을 살아가자고 말씀드렸다.

부모님은 퇴원하신 후에 바로 절에 가서 이름을 다 없애고, 교회에 등록하고 신앙생활을 시작하셨다.

이런 기적의 치유로 아버지는 6년간 건강하게 사시다가, 6년 후 혈액암 판정을 받으셨다. 그때는 하나님을 믿고 기도하면서 투병 생활을 하시다가 1995년 10월 10일 점심 식사를 잘 드시고 오후에 77세의 일기로 하나님 곁으로 소천하셨다.

어머니는 신앙생활을 잘 하시고 명예권사로 하나님을 잘 섬기다가 2022년 8월 21일 95세의 일기로 소천하셨다.

2-6
아이만 주신다면

가족 구원의 역사 중에 특히 처남에게는 기적적인 선물을 통하여 전도의 열매가 맺어지기 시작하였다. 처남은 결혼도 늦었지만 수년이 지나도 자식을 얻지 못했다. 임신이 되더라도 아무리 조심해도 거듭 유산이 되었다. 처남도 학교 다닐 때는 교회에 나가서 주님을 섬겼지만 사회생활을 하면서 주님을 멀리하고 지내다가 결혼을 한 상태였다.

그래서 유산을 하지 않고 자식을 얻으려고 병원에 가서 검진을 받아 보았는데 이상은 없다는 것이었다. 한약도 많이 먹어 보기도 하였으나 모두 허사가 되고 실의에 빠져 있는 상태였다. 그래서 이를 위하여 동경에서 주님께 간절히 기도를 드리는 중에 내 마음에 확신이 왔다. 이제 처남을 인도하면 주님께서 처남 가정에서 가장 중요한 소망이었던 자식을 선물로 주실 것이라는 확신이 생겼다.

처남 부부의 하나님 영접

나는 마침 서울에 회의가 있어서 참석하기 위해 일시 귀국하여 처남 집에서 하루를 묵게 되었다. 이때다 싶어 절대긍정의 믿음으로 하나님의 역사를 전하면서 자식이 없는 처남에게 애 낳는 비결을 가르쳐 주겠다고 말을 꺼냈더니 그 소리에 귀가 번쩍 뜨였다.

"매형, 그 비결이 무엇입니까? 빨리 좀 말해주세요."
"하나님을 신실하게 믿으면 하나님께서 아이를 선물로 주실 것이네."
"네? 하나님을요?"
"하나님은 한 영혼을 천하보다 귀하게 여기시고 이제 처남과 처남댁이 주님께 돌아오기를 간절히 기다리고 있네. 주님은 능치 못함이 없으시니, 처남과 처남댁이 함께 진실하게 믿고 주님께 간구하면 반드시 1년 이내에 아기를 허락해 주실 거야. 그리고 나는 일본에서 매일 처남에게 아기를 허락해 주시도록 기도하겠네."

"매형, 그러면 그렇게 하겠습니다. 열심히 주님을 의지하고 섬기면서 기도에 힘쓰겠습니다."

그런 약속을 듣고 내 성경책 위에 처남과 처남댁의 손을 모아 포개고 내 손을 덮고 간절히 기도해 주고 성경책을 선물로 주었다. 이번 주일부터 가까운 교회에 나가서 등록하고 진실로 주님을 영접하고 믿음으로 자식을 허락해 주시도록 기도하라고 당부했다. 그리고 나는 동경으로 돌아가서 매일 새벽기도 시간에 간절히 기도하였다.

3개월이 지나자 처남 집에 새생명의 잉태 소식이 들려왔다. 우리는 함께 "할렐루야"를 외쳤고 하나님께 감사를 드렸다.

🌱 건강한 딸을 선물로 주심

결국 하나님께서는 처남 가정에 건강한 딸을 선물로 주셔서 출산하게 되었다.

이때부터 처남 가족은 하나님이 살아계시고 역사하시는 것을 체험하고 열심히 신앙생활을 하고 있다. 성실히 주님을 섬기고 의지하더니, 둘째로 아들도 주셨다. 하나님께서 선물로 주신 딸과 아들은 둘 다 잘 성장하고 이제는 출가하여 행복한 주님의 가정을 이루고 있다.

🌱 고종사촌 동생에게도 자녀를 허락하심

이 소식이 알려지자 고종사촌 동생 내외가 찾아왔다. 고모부는 장로이시고 온 가족이 주님을 잘 섬기고 살아가는데 막내인 이 동생 하나가 결혼을 하면서 주님을 멀리하고 있었다. 그런데 결혼한 지 7년이 되었는데 아이가 없었다. 아이를 가질 수 있다면 무엇이든 할 수 있다는 간절한 심정이었다. 그래서 부러운 마음으로 찾아왔다.

"형님, 저희도 주님을 다시 성실하게 섬기고 믿음 생활을 하면 아이를 주실까요?"

돌아온 탕자를 기뻐하며 받아 주신 하나님께서 사촌 동생을 구원해 주시고 그 가정에 자녀를 허락해 주시기를 간절히 기도했다. 그러자 하나님께서 이 동생도 아이를 통하여 부르신다는 응답이 왔다. 그래서 나는 담대히 믿음으로 선포하였다.

"그럼, 하나님은 지금도 너와 처가 하나님을 섬기는 가정으로 되돌아오기를 간절히 기다리고 계셔. 이제 믿고 나아가면 주님께서 반드시 아이를 선물로 주실 것이네."

그 말을 듣고 사촌 동생은 너무나 기뻐했다.

"그럼 오늘부터 열심히 하나님을 섬기고 아이를 주시도록 기도하겠습니다. 형님도 저희를 위해 함께 기도해 주세요."

그 후 동생 부부는 함께 간절히 기도하고, 나도 새벽기도 시간에 간절히 기도하였다. 그런 후 수개월 만에 잉태 소식이 들리고, 귀한 아들을 출산하게 되었다. 이를 통하여 사촌 동생과 처는 하나님의 임재하심을 확실히 체험적 신앙으로 믿게 되었고, 신앙생활을 잘하면서 선물로 둘째 아들도 받았다.

2-7
집사님은 주의 종입니다

신앙의 신출내기로 동경순복음교회에서 열심히 봉사하며 모범적인 신앙인으로 말씀을 배워가고 있을 때였다. 담임목사님은 나와 나이도 같고, 내 두 딸과 목사님의 두 아들이 동경한국인학교에서 서로 같은 반이기도 하여, 더 친숙하게 되었다. 나는 성경에 관한 궁금증이 생기면 수시로 목사님께 전화로 물어보곤 하였다. 또한 성경에 관하여 특별히 일대일 양육을 받고 있었다.

1988년 어느 날 목사님이 나를 위해서 간절히 기도하였더니, 하나님께서 "정충시 집사는 주의 종이다"라고 응답을 받으셨다고 나에게 알려주셨다. 이제 잘나가는 LG화학 지사장을 사임하고, 신학교에 입학하여 목사의 길을 가야 한다고 하셨다. 신앙의 신출내기인 나에게는 청천벽력 같은 말씀이었다.

🌱 기도로 하나님께 문의

나는 목사님께 "하나님께 기도해 보고, 하나님의 뜻을 확실하게 확인해 보고, 하나님의 뜻이라면 순종하겠습니다"라고 말씀드렸다.

LG화학 동경지사장을 사임하고 주의 종인 목사로 가야 할지, 아니면 회사 생활을 충실히 하면서 주의 종이나 장로로 섬길 것인지를 알려주시도록 간절히 기도에 매달리기로 하였다.

'하나님의 뜻이 주의 종으로 목사가 되어 복음 전하는 전임사역자가 되는 것이라면 잘 다니고 있던 회사를 사임하고 그 길로 최선을 다해 사명을 감당하도록 할 것이다. 그러나 만약 하나님의 뜻이 주의 종이나 장로의 직분으로 섬기기를 원하신다면, 내가 LG화학의 지사장을 사임하는 것이 결국 틀린 길로 가는 것이 된다. 그렇게 되면 하나님의 뜻에서 어긋나게 될 것이고, 우리 가정에도 크게 영향을 미치게 될 것이다.'

이처럼 중대한 결정이므로 응답을 받을 때까지 기도에 매달렸다.

하나님께서 나에게 하나님의 뜻을 알려주시고 싶은데 신출내기 신앙인인 내가 도무지 하나님의 뜻을 올바르게 이해하지 못하니까, 알려줄 방도가 없으셔서 특별한 계시로 환상을 보여 주셨다.

환상으로 응답

성경에도 여러 군데 환상으로 보여 주신 예가 있다.

"바울이 그 환상을 보았을 때 우리가 곧 마게도냐로 떠나기를 힘쓰니…"(행 16:10)

"기도할 때에 황홀한 중에 환상을 보니 큰 보자기 같은 그릇이 네 귀에 매어 하늘로부터 내리어 내 앞에까지 드리워지거늘…"(행 11: 5)

"너희의 젊은이들은 환상을 보고…"(행 2:17)

"다니엘이 진술하여 이르되 내가 밤에 환상을 보았는데 하늘의 네 바람이 큰 바다로 몰려 불더니"(단 7:2)

그 당시 나에게 보여 주신 환상은 이러했다.

그때 나는 30대 초반 서리집사 시절이었는데, 아주 넓은 광장에서 대규모 성회가 열리고 있는데 내 앞에 어떤 목사님이 설교하시고 하단하시자, 나는 정충시 장로로 소개를 받고 등단하여 나의 삶에 역사하신 하나님을 간증하였고, 참석한 많은 성도가 은혜를 받았다. 그때 나의 모습은 60, 70대 초로의 모습이었다.

나는 하나님께서 환상으로 나의 기도에 응답해 주시니 너무 기뻐서 목사님께 바로 전화를 드렸다.

"나는 주의 종임을 인정하나, 훗날 장로 직분으로 간증하는 환상을 보여 주셨으니, LG화학 지사장을 사임하지 않고 회사에서도 최선을 다하여 근무하고 훗날 장로 장립을 받고 간증으로 은혜를 끼치는 자가 될 것입니다"라고 말씀드렸다.

결국 하나님은 나를 그 이후에도 LG화학의 여러 분야에서 경험을 쌓게 하시고, 마침내 글로벌 CEO로 성장시켜서 다국적 기업의 동아시아 지역 총괄 회장으로 활동하게 하셨다. 그리고 장로로서 교회를 섬기면서 여러 부서에서 봉사하게 하시고, 그 경험을 토대로 현재 50개 이상 교회와 학교에서 하나님에 대한 간증으로 은혜를 나누게 하셨다.

때로는 하나님께서 우리 각자를 사용하심에 있어서 그 길이 다를 수 있다고 생각한다. 하지만 그 길이 맞았는지 그릇된 것인지는 세월이 지난 후에 비로소 깨닫게 되는 것 같다. 하나님께서는 다양한 방법으로 우리를 사용하신다. 예비하고 인도하신 길에는 많은 하나님의 은혜가 함께하심을 느끼게 되는 것 같다.

따라서 우리 인간은 모르지만, 하나님께서는 우리 각자를 어떻게 사용하실지 지금 이 순간에도 이미 예비해 두셨을 것 같다는 생각이 든다. 그리고 나는 지금껏 살아온 나의 인생 여정이 바로 하나님의 은혜라고 생각한다.

2-8
가장 낮은 곳에서 봉사

　동경순복음교회에서 초신자로 신앙생활을 하면서 하나님을 알아갈수록 너무나 좋으신 하나님이시고, 받은 은혜가 감사하여 무엇인가 봉사하고 싶은 마음이 들었다.
　하나님의 아들이신 예수님께서 이 땅에 우리를 구원하시고자 오실 때 비천하고 낮은 자로 구유에 태어나신 것을 깨닫고, 나도 가장 낮은 곳에서 섬기며 봉사하기로 결심하고 찾아보니 가장 싫어하는 봉사처가 화장실 청소하는 것이었다. 그렇다! 이 봉사를 하겠다고 다짐하고 목사님을 찾아갔다.

"목사님! 다음 주일부터 제가 남자 화장실을 일찍 와서 청소하겠습니다"라고 말씀드렸더니 목사님은 "아니, LG화학 동경지사장님이 무슨 말씀이세요? 그런 밑바닥 봉사를 자청하시다니요? 그런 봉사 말고 다른 봉사 하세요"라고 극구 만류하셨다.

"아닙니다. 예수님은 구유에 태어나시고, 죽기까지 낮은 곳에서 섬기셨는데 제가 화장실 청소하는 것은 아무것도 아닙니다. 제가 기쁨으로 해 보겠습니다"라고 말씀드렸다.

그러자 나의 결심이 확고한 것으로 이해하시고 "정 그러시면 해보시고 힘드시면 언제든지 그만두셔도 됩니다" 하셨다.

이렇게 시작한 낮은 곳에서의 봉사가 예수님께서 이 땅에 오셔서 낮은 자세로 섬기셨던 것을 조금이라도 본받아 실천하려고 하는 나에게는 큰 기쁨으로 다가왔다. 교만한 자에서 변화되어 겸손함으로 무장하고자 다짐하는 나의 마음에 합당한 봉사로 여겨지면서 더욱 기쁨으로 감당하였다.

화장실 봉사를 기쁨으로 감당하게 되자 "화장실 청소를 마치고 교회 문밖에 나가서 오시는 성도들에게 공손히 인사하고 웃으면서 영접하는 봉사도 제가 하겠습니다"라고 말씀드리고 영접 봉사도 시작하였다.

1988년에는 물가가 비싸고 일본 시장에 수출하기가 너무 어려운 상황이었기 때문에 동경에는 대기업 가운데 몇 군데만 지사가 개설되어 있었다. 그러므로 LG화학의 동경 지사장은 주요 인사 중 한 명이었다.

그런데 동경순복음교회에 가면 LG화학 지사장이 출석하는 모든 성도에게 공손히 인사하고 영접을 해준다는 입소문이 동경 교민사회에 퍼져 나갔다. 그러자 동경에 돈을 벌기 위하여 와서 수고하던 많은 교민들이 나의 인사를 받고자 동료들을 데리고 함께 찾아오곤 했다. 참으로 어처구니없는 이야기 같으나 이러한 한국 교민의 행태는 한국인에 대한 일본인들의 홀대를 생각해 보면 이해가 가지 않는 것도 아니었다.

일본인들이 일본에 사는 한국인들에 대해 제대로 대접하기 시작한 것은 88올림픽 이후, 노태우 대통령이 일본을 처음으로 국빈 방문한 이후로 생각된다. 그때에 비로소 동경 긴자 거리에 태극기가 양쪽으로 꽂혔다. 나는 그날 아내와 두 딸을 데리고 긴자 거리를 걸으며 감격의 눈물을 흘린 기억이 생생하다.

그 이전에는 한국인에 대한 천대가 심했다. 본사에서 출장 와서 택시를 타고 거래선을 방문하게 되면 택시를 타고 가는 중간에 절대로 한국어로 물어보지 말라고 당부를 한다. 얼굴이 비슷하니 얼굴로는 구별이 어렵고 내가 일본어로 말하고 어디 가자고 하면 일본인으로 알고 친절하게 운전하고 간다.

그러다가 가끔 출장자가 무언가 궁금하여 한국어로 나에게 질문하면, 한국인이었음을 인식하고 갑자기 태도가 돌변하여 행선지를 모르겠으니 내 차에서 내리고 다른 차를 타라고 세운 일도 비일비재하였다.

그만큼 재일 한국인들은 일본인의 천대에 직면하고 있었다. 물론 경제적인 면에서 보면 그 당시 한국의 1인당 GDP가 일본의 5분의 1정도밖에 안 되는 수준으로, 너무나 큰 격차를 보이고 있었으니 무시할 만도 하다.

1984년 당시 나와 아내가 긴자 거리를 걸으며 "우리 평생에 일본처럼 잘사는 날이 오지 않을 것 같다" 하면서 삶의 격차를 실감하는 대화를 나눈 기억이 지금도 생생하다. 그때 한국에서는 자가용 자동차를 가진 사람이 거의 없었는데 일본에서는 도시뿐 아니라 농촌에서도 자가용 차를 소유하고 있었다.

그러다가 1988년 88올림픽을 주최하면서 한국에 대한 시각이 바뀌게 된 것이다. 이제는 동경에 가도 서울과 비교해서 별 차이를 느끼지 못한다. 한국 경제가 지난 35년간 엄청나게 발전한 것이다.

'한강의 기적'이란 말이 실감이 난다. 이는 한국인들의 피나는 노력의 대가라고 할 수 있겠지만 이 또한 하나님의 은혜라고 생각한다.

그런 분위기에서 "한국에서 온 대기업 지사장이 출석하는 교회에서 모든 성도에게 공손히 머리 숙여 절한다고 하니 인사를 받아 보자" 하면서 동료들을 데리고 함께 오기도 했을 것이다. 그 덕분에 교회에 새로운 신자들이 늘어나는 부흥의 계기가 되기도 하였다.

돌이켜보면 초보 신앙인일 때 낮아지고 겸손한 마음으로 섬기는 봉사정신의 기초가 다져진 것 같아 감사드린다.

2-9
가는 곳마다 직장 신우회 설립

🌱 신앙 신출내기의 LG화학 본사 신우회 창립

직장 신우회란 직장 내 크리스천들의 모임을 말한다. 같은 직장을 다니는 크리스천들이 교파에 상관없이 주로 점심시간을 활용하여 하나님께 예배를 드리는 조직을 말한다. 이 모임을 통해 직장에서 크리스천들끼리 화합을 도모하고, 회사 발전을 위해 기도하며, 개인적인 중보기도 시간을 갖는다.

1989년 3월 1일, 5년간 많은 새로운 경험을 했던 동경지사장 생활을 끝내고 본사로 발령을 받게 되었다. 귀국에 앞서 하나님 앞에 엎드려 "이처럼 받은 은혜가 너무나 많은데 제가 하나님께 무엇으로 보답할까요?"라고 기도했다.

은혜. 맞다. 이런 귀한 선물을 주신 하나님께 내가 할 수 있는 작은 것이나마 보답하고 싶었기 때문이었다. 그랬는데 하나님은 당시의 내 믿음으로는 감당할 수 없는 너무나 중대한 일을 하도록 명령하셨다.

"네가 지금 어디에 몸담고 있느냐?"
"네! LG화학입니다."
"그러면 네가 몸담고 있는 그곳에서 직장 신우회가 있으면 섬기고, 없으면 네가 설립해라."
"네! 그렇게 하겠습니다."
나는 쉽게 대답하였다.

1989년 3월이었는데 그 당시 많은 대기업에는 직장 신우회가 창립되어 활발히 활동하고 있었다. 그러므로 나는 당연히 LG화학은 LG그룹의 모기업이고, 가장 역사가 깊은 기업이니까 직장 신우회도 가장 먼저 창립되어 활동하고 있을 것으로 생각하였다. '그러면 열심히 잘 참여하여 섬기면 되겠지'라고 쉽게 생각했다.

귀국해서 알아보니까, LG그룹에 LG금성상사, LG전자, 호남정유 등 거의 모든 계열사는 직장 신우회가 설립되었고 매월 LG그룹 연합 직장 신우회 예배도 드리고 있었다. 그런데 LG화학만 직장 신우회가 창립되지 못하여 크리스천들이 정식으로 자체 예배도 드리지 못하고, 그룹 연합예배에는 개인적으로 가끔 참석한다고 했다.

아니, 이럴 수가? 나는 청천벽력과도 같은 실상을 접하게 되었다. 하나님과 약속한 사실, 즉 "신우회가 있으면 섬기고, 없으면 네가 창립하여 섬기라"고 명하신 말씀에 굳게 약속했으니 이제 내가 창립을 주도해야 하는 상황이 되었다.

하나님은 결국 LG화학 본사 직장 신우회를 나에게 창립하도록 지시하셨다.

그러나 아무리 생각해도 이것은 말도 안 되는 지시였다. 나는 신앙을 가진 지 이제 겨우 3년차의 신출내기다. 거기에다 아직 서리집사에 불과했다. 아마도 LG화학에는 신앙의 연조가 수십 년이 된 교인도 있을 것이고, 장로나 안수집사도 많을 것이다. 신우회를 조직하려면, 신앙의 연조가 깊은 그런 분들이 앞장서야 한다고 생각했다.

신앙 신출내기인 나로서는 신우회를 조직할 엄두가 나지 않았다. 더구나 당시 나는 새로 맡은 세계화 총괄부서인 NBP(New Business Planning) 팀장을 맡아 일 년 중 거의 절반은 해외 출장이었다. 그러니 하고 싶다고 해도 할 시간이 없었다. '그런 사실을 누구보다 하나님께서 더 잘 아실 테니, 아마도 신앙의 연조가 깊은 누군가를 시켜서 창립하시겠지'라고 핑계를 대고 출장 업무에 몰두했다.

그런데 웬일인지, 출장으로 바쁘다는 핑계로 하나님의 지시에 따르지 않고 도망치기 시작하면서 모든 일이 꼬여가기 시작했다. 먼저 기도가 잘 소통되지 않았다. 아무리 마음을 모아서 집중하고 기도해도, 기도는 자꾸만 옆길로 빠지곤 했다. 그러니 마음의 평안도 사라지고, 빠른 기도 응답도 전혀 없었다. 나의 기도를 무엇보다 좋아하시던 하나님께서 차갑게 뿌리치시는 느낌을 지우기가 어려웠다.

그러면서 하나님께서 내게 지시한 직장 신우회 창립 문제가 내 뇌리에서 떠나지 않았다. 심지어는 해외 출장을 떠나는 비행기 안에서도 그 생각이 나를 덮쳤다. 이러다가 아무 일도 할 수 없겠다 싶어 결국 하나님께 엎드렸다. 나는 신앙의 신출내기로 나보다 더 신앙 연조가 깊은 사람을 세워서 직장 신우회를 창립하게 해 달라고 기도를 드렸다.

바로 그때, 모세가 떠올랐다. 모세도 하나님께서 지시했을 때 못하겠다고 도망쳤다. 나처럼 말이다. 모세는 자신이 말을 잘 하지 못하는 약점이 있는데 어떻게 그 많은 백성을 이끄는 지도자가 되겠느냐며 하나님의 지시에 고개를 옆으로 흔들었다. 마치 내가 하나님을 믿은 지 3년밖에 되지 않았고, 겨우 서리집사여서 못한다고 말씀드린 것과 같았다.

그러나 그때 하나님은 모세에게 말씀하셨다. "누가 사람의 입을 지었느냐. 누가 말 못 하는 자나 못 듣는 자나

눈 밝은 자나 맹인이 되게 하였느냐. 나 여호와가 아니냐"(출 4:11). 그러면서 하나님은 모세에게 그가 주어진 일을 감당할 수 있도록 힘을 주시겠다고 약속했다. 모세는 그렇게 순종했다. 결국 나도 모세처럼 신앙의 경륜이 짧고 성경에 대하여 지식도 부족하지만, 오직 하나님의 명령에 순종하기로 했다.

그동안 인본주의적인 판단으로 불순종한 잘못을 깊이 회개하고, 신앙의 경륜이 부족하지만, 말씀에 순종하여 직장 신우회 창립을 준비하기로 했다. 해외 출장에서 돌아오자마자 수소문하여 크리스천들을 파악해 갔다.

일사불란하게 파악된 크리스천들을 한 명씩 만나거나 전화를 걸어 직장 신우회를 조직하려고 하는데, 동참해 주도록 요청을 했더니 모두 직장 신우회 창립을 기다리고 있어서 반갑게 동참의 약속을 받아냈다. 직장 신우회 조직은 5명의 부회장을 중심으로 5개 본부로 편성하고, 임원이신 장로님을 고문으로 위촉하여 창립 예배를 준비하였다.

겁 없게도 나는 창립 예배에서 초대 회장으로 추대되었

다. 매주 수요일 점심 시간에 회사에서 예배를 드리면서 신우회 발전을 위해 힘을 다하기 시작했다. 그 후 LG그룹 연합신우회의 부회장으로도 봉사했다.

이를 통해 직장에서도 하나님을 경외하는 자세로 업무에 더욱 매진하게 되었다. 회사 내에서의 신앙생활은 나의 신출내기 신앙을 점점 더 깊게 만들어주는 촉매제가 되었다. 업무에 있어서도 하나님에 대한 예배처럼 정성을 다할 수 있었던 것도 직장 신우회의 덕분이었다.

┳ 헝가리 최초의 직장 신우회 창립

하나님께서 나에게 "직장 신우회가 있으면 그곳에서 섬기고, 없으면 네가 창립하라"고 말씀하셔서 첫 번째로 LG화학 본사 직장 신우회를 창립했다. 이어서 LG화학 청주 공장 직장 신우회를 창립한 후에 헝가리 합작회사 대표이사로 가게 되었다. 나는 헝가리로 가는 것도 주님께서 함께 하시겠다는 응답을 받고, 오직 주님만 의지하고 나아갔으니, 주님의 명령이신 직장 신우회를 창립하는 일을 헝가리에 가서도 실천하겠다는 다짐을 하고 부임하였다.

헝가리는 러시아가 침공하여 점령하기 전까지는 기독교 교인들이 많았으나, 공산정권이 들어서면서 종교를 탄압함에 따라 드러내서 예배를 드리지 못하고 가정에서 신앙을 지키는 실정이었다.

내가 헝가리 합작법인 LG Pannon 주식회사의 대표이사로 부임한 1994년 말에 이미 헝가리는 국영기업이 민영화되고, 종교의 자유도 허용되고, 자유민주주의가 시작되었으니, 직장 신우회를 창립해도 문제될 것이 없었다. 간부급 중심으로 한 사람씩 이야기해보니 하나님을 거부하지 않는 사람들이 조금 있었다. 그래서 그들을 모아서 직장 신우회를 창립하자고 하였더니 모두가 두려워하였다. 얼마 전까지도 직장에서 종교활동을 하면 잡혀갔기에 두려움으로 주저했다.

그러나 기도하면서 설득하고 이제는 자유민주주의 세상이 되었으니 아무 불이익이 없을 것이라고 설득하여 수요일 점심 시간에 모여서 찬양과 기도로 예배를 드렸다. 마침 여의도순복음교회에서 헝가리인 원주민 선교를 위해 파송한 하용달 목사님이 헝가리인에게 헝가리어로 설교하고 계셔서 초빙하여 예배를 드렸다. 그리하여 헝가리 최초의 직장 신우회가 탄생된 것이다.

그렇게 믿음으로 순종하니까, 하나님께서 크게 기뻐하시고 적자로 도산 직전의 회사를 9개월 만에 흑자로 전환시켜 주시는 놀라운 기적의 성과를 거두게 하셨다.

오미아코리아 본사 및 공장 직장 신우회 창립

하나님의 인도하심으로 나는 LG화학을 사임하고, 다국적 기업인 오미아코리아 대표이사로 취임하게 되었다. 취임식을 하면서 "나는 하나님을 믿는 크리스천이고, 하나님께서 나와 함께하신다는 말씀에 의지하여 이 자리에 서게 되었고, 반드시 우량기업이 될 것"이라고 믿음으로 선포하였다.

그리고 다음 날부터 두 명의 크리스천과 함께 내 방에서 일반 직원들이 출근하기 전에 한 시간씩 기도하는 기도 모임을 시작했다. 이 기도 모임이 오미아코리아 본사 직장 신우회 창립의 모체가 되었다.

이후 신규 직원을 뽑을 때 크리스천들이 입사하게 되고, 과거에 믿었으나 직장 생활을 하면서 신앙을 떠난 직원들도 다시 믿음을 회복하기 시작했다. 6개월 정도 지나서 정식으로 오미아코리아 본사 직장 신우회를 창립하게 되었다. 나는 임원 중 한 사람을 회장으로 추대했다. 나는 대표이사이니 모두가 부담스러워하여 직접 회장을 맡지 않고 고문으로 추대되었다.

매주 수요일 점심 시간에 회의실에서 예배를 드렸다. 나는 직장 신우회의 중보기도가 회사 발전의 큰 원동력이 되었다고 믿는다. 하나님께서 크게 기뻐하시고 심각한 경영 위기에 처한 회사가 6개월 만에 흑자로 전환되는 기적의 성과를 거두게 해 주셨다고 생각한다.

본사 직장 신우회 창립에 이어서 순차적으로 군산공장, 안동공장, 함백공장에서도 크리스천을 중심으로 공장 단위로 직장 신우회를 창립하게 되었다. 본사 신우회의 지회로 서로 긴밀한 네트워크를 갖고 협력하면서, 각 지역의 특색에 따른 사랑 나눔으로 이웃 돕기를 실천했다. 그러면서 지역사회에서 본이 되고, 직장 신우회 활동을 통해 직원들의 믿음도 성장하는 일석이조의 성과가 있었다.

마침내 하나님의 명령에 순종하여 가는 곳마다 7개의 직장 신우회를 창립하게 되었다.

2-10
아찔했던 술 끊기

　이렇게 신나게 신앙생활을 하면서 내게는 건너기 힘든 강이 하나 있었다. 바로 술 문제였다. 직장생활을 하면서 업무상 술을 끊기가 그렇게 힘들었다. 하나님을 영접하고 신앙생활을 하면서 마음 한구석에는 항상 술 문제로 마음이 찜찜했다.

　일본에서는 비즈니스 관습상 고객들을 접대할 때에 식사를 하면서 으레 술을 마신다. 나는 일본의 비즈니스 관습에 따라 그렇게 접대를 하면서도 언제나 술 문제로 편하지 않았다.

신앙인에게 술 문제가 신앙생활을 가로막는 근본적인 장애물이 아니라고 하더라도, 하나님과의 관계가 깊어지면 자연스럽게 술과 담을 쌓게 되는 것이 앞서 신앙생활을 한 사람들의 공통점이라고 생각한다.

그러나 나에게는 그 일이 그렇게도 힘들었다. 굳이 변명하자면 업무를 핑계 댈 수 있을 것이다. 특히 일본에서 수출 업무를 총괄하고 있던 나로서는 어떻게 하든 거래처의 마음을 사로잡아야 했다. 그러기 위해서 일본의 관습상 술 자리에서 빠질 수 없었다. 그러니 내가 기껏 한 일이라곤 하나님께 비즈니스 때문에 어쩔 수 없으니 술 자리에 가는 것을 양해해 달라는 묵상 기도를 드리는 것이었다.

이렇게 믿음이 연약한 나는 동경지사장을 마치고 한국 본사에 귀국한 이후에도 술 문제에 대해 해결을 보지 못한 채 보이지 않는 전쟁을 치르곤 했다.

아직 서리집사 때 일이다. 본사에 부임하고 얼마 지나지 않은 어느 날 부서 직원들과 회식이 행주산성에서 있었다.

그날도 어김없이 거래처를 접대할 때처럼 하나님께 양해를 구하는 묵상 기도를 드린 후 자연스럽게 술을 마시게 되었다. 부서 직원들의 마음을 사고, 원팀으로 뭉치기 위하여 직원들과 술을 주고받고 하면서 습관대로 술을 마셨고, 시간이 흐를수록 나는 취하고 말았다.

회식이 끝나고 몇 대의 승용차에 같은 방향끼리 나누어 타고 돌아가도록 하였다. 나도 부하 직원이 운전하는 차에 동승하여 출발하였다. 밖에는 어느새 비가 부슬부슬 내리고 있었다. 난지도 부근을 지날 때다. 흰 쓰레기 봉투 같은 것이 하나 도로에 떨어져 있었다. 운전을 하던 부하 직원이 순간 사람이라고 생각하고 피해야 하겠다는 생각으로 급히 핸들을 꺾으며 브레이크 페달을 밟았다.

그 순간 비가 내리고 있어서 도로가 미끄러운 상태에 급 브레이크에 급 회전을 하니까 차가 중심을 잃고 휘청거리다가 길 옆으로 튕겨져 나갔다. 경사진 언덕으로 몇 바퀴를 돌면서 이곳저곳으로 부딪친 뒤에야 가까스로 차는 멈췄다. 마침 문이 열리는 곳이 있어서 그곳을 통하여 한 명씩 차 밖으로 나와보니 차는 모든 면이 찌부러지고 흉측

스러운 모습이었다.

　나는 사고 중에도 부서 책임자로서 부하 직원들이 크게 다치지 않았는지 점검을 하였다. 참으로 다행스러운 것은 그 차에 동승한 직원들 모두 가벼운 타박상 정도로 모두가 무사했다. 그리고 내 자신도 점검해보니 안경이 깨지고 날아갔으나, 가벼운 타박상 정도로 다친 데가 없었다. 그 순간 '아, 다행이다' 생각하면서 하나님께 죄송스러운 마음과 함께 하나님의 손길이 사고 순간에 우리 일행을 지켜주신 것에 감사 기도를 드렸다.

　그러나 문제는 바로 그 다음에 일어났다. 바로 나였다. 과거부터 방금 전까지의 기억은 그대로 남아 있는데, 갑자기 새로 습득하는 모든 정보에 대한 기억을 할 수 없는 상태가 된 것이다. 그러니 방금 들은 이야기도 기억되지 않아 몇 분 후 다시 되묻고, 또 되묻고 하는 것이었다.
　새로운 기억력의 스위치가 뽑혀 새로운 기억에 대한 필름이 끊어진 상태가 된 것이다. 놀란 직원들이 지나가던 택시를 붙잡아 급히 여의도성모병원 응급실로 나를 데려갔다. 병원에서 야간 당직 의사가 뇌 MRI를 찍어본 결과 뇌출혈은 없다고 하였고, 그것만으로 크게 다행이라고 하면서 좀더 경과를 보자고 하였다. 그러나 시간이 흘러도 내 기억력은 전혀 회복되지 않았다.

나의 사고 소식을 듣고 아내가 달려왔다. 큰 딸은 중학교 3학년으로 충격이 클 것 같아서 공부하고 있으라고 하고, 중학교 1학년인 둘째 딸을 데리고 병원으로 달려왔다. 나에게 새로운 이야기를 해주고 몇 분 후 다시 물어보면, 나는 새로 들은 정보에 대한 기억이 전혀 나지 않으니 모른다고 답할 뿐이었다. 나의 신규 정보에 대한 기억력의 상실을 확인하고 나서 가족들은 망연자실하였다.

신규 정보에 대한 기억력이 상실되었으니 이제 회사 생활도 할 수 없게 될 것이고 일상 생활도 불가능할 것이다. 그러니 아내는 어린 중학생 두 딸을 데리고 앞으로 어떻게 살아가야 할지 앞이 캄캄했을 것이다.

아내는 매일 아침 나의 와이셔츠를 다림질하는 것이 때로는 귀찮고 번거로워서 불평할 때도 있었는데 이제 생각해보니 '앞으로는 그런 다림질도 할 수가 없게 되는구나' 하고 눈물을 흘리면서 이렇게 기도했다.

"하나님, 제발 기억력이 되돌아오게 해주셔서 다시 한번 와이셔츠를 다림질하는 행복을 맛볼 수 있게 해주세요."

그러다가 새벽녘이 되어서 잠시 잠이 들었던가 보다. 갑자기 나는 칠흑 같은 암흑 속으로 빨려들어갔고, 암흑이 나를 완전히 덮쳤다. 나는 깜깜한 암흑에 갇혀버린 것이다. 꿈인지 생시인지 알 수 없었다. 깜깜한 암흑 속에서 빠져나오려고 몸부림을 쳤으나 어디가 출구인지 알 수가 없었다. 아무리 애를 써도 허사였다. 그럴수록 나를 덮은 어둠은 더 강도가 세져 가기만 했다. 문득 나는 이 암흑에서 빠져나오지 못하고 결국 죽고 말 것이라는 생각이 들자 하나님을 부르고 찾게 되었다.

"하나님! 제가 잘못했습니다."

전날 술을 마시면서 회식을 하던 일이 기억나면서 비로소 하나님 앞에 회개하기 시작했다. 사실 나만 술을 마신 것이 아니고, 술 마시기를 싫어하는 부하 직원들에게도 술을 마시게 했다. 나 때문에 술판이 뜨거워졌고 모두가 취하게 된 것이다. 모두가 내 탓이었다.

그때 나는 성경의 요나가 생각이 났다. 요나서 1장 1절부터 15절까지를 보면, 요나가 하나님께서 니느웨로 가서 회개하라고 외치라는 하나님의 말씀에 순종하지 않고, 반대편인 다시스로 갔다. 그래서 하나님께서 요나를 혼내시기 위하여 요나가 타고 가던 배가 갑자기 광풍을 만나 깨질 지경에 놓이게 하셨다. 결국 요나를 바다에 던져버리니까 다른 사람들은 평온을 되찾게 되고 요나는 물고기 뱃속까지 내려가게 된 것이다.

그렇다. 결국 하나님은 나의 술 취함을 경고하기 위하여 내가 탔던 차가 사고 나게 하셨고, 나 외에 다른 직원들은 모두 무사하게 하시고, 나만 신규 정보에 대한 기억력을 상실하게 하신 것이다.

요나가 물고기 뱃속에서 잘못된 행동을 깨닫고 간절히 회개한 것처럼 나도 "다시는 그렇게 술을 먹지도, 권하지도 않겠습니다. 제가 잘못했습니다. 한 번만 이 암흑에서 건져주세요"라고 간절히 기도하였다.

그러자 어디선가 큰 음성이 들렸다. 그 음성은 나를 향해 이렇게 소리치고 있었다. "마지막 경고다. 다시는 남에게 술을 강권하지 말고, 너는 술을 끊어라. 이것이 마지막 경고다! 이후로 이 명령을 지키지 않으면 용서하지 않겠다."

그 소리에 소스라치게 놀란 나는 허겁지겁 그 음성에 즉시 대답했다. "네, 그렇게 하겠습니다. 반드시 지키겠습니다."

그렇게 맹세를 하자, 그 순간 찬란한 빛이 들어오면서 짙은 암흑은 순식간에 사라지고 환한 광명이 나를 둘러싸는 환희를 체험했다.

그러자 내 입에서 감사가 터져 나왔다.

"할렐루야! 하나님 감사합니다"라고 외치니까 내 머리에도 환한 빛이 들어오면서 꺼졌던 기억의 메인 스위치가 다시 연결되는 것을 느꼈다. 그러면서 잠에서 깨어났다.

나는 기쁜 나머지 곁에 있던 아내에게 이제 기억력이 되돌아온 것 같으니 나를 시험해보라고 했다. 여러 가지를 이야기해 주고 몇 분 후에 물어보면 정확히 다 기억하고 대답하였다. 한동안 잃어버렸던 기억력이 회복된 것이다.

그 후 나는 어떤 자리에서도 술을 먹지 않고 상대방만 마시고 싶은 대로 마시도록 하였다. 과거에는 술을 같이 마시지 않으면 인간관계도 어려워지고, 비즈니스도 잘 풀리지 않을 것이라는 생각이 지배하고 있었다. 그러나 그 후 하나님께 비즈니스나 인간관계에 있어서 내가 술을 마시지 않아도 잘 풀어지도록 기도하고 나아갔더니 전혀 문제가 없도록 해결해 주셨다.

결국 하나님에 대한 믿음이 연약하여 세상적인 관습을 좇아가면 하나님은 기뻐하시지 않으신다. 그러나 굳건한 믿음으로 하나님께 비즈니스나 인간관계를 잘 해결해 주실 것을 믿고 맡기면, 내가 술을 마시지 않더라도 반드시 하나님께서 책임져 주신다는 것을 이 체험을 통하여 나는 확신하게 되었다.

2-11
2단계 고난 훈련소

고난은 내게 유익이라

고난은 성경에 118번이나 나오는 신앙인의 삶 가운데 매우 중요한 과제 중 하나이다. 고난은 누구나 힘든 과정이기에 원하지 않고 피해 가고자 하지만, 하나님의 자녀로 살아가는 동안에 피할 수 없는 연단의 과정이라고 할 수 있다.

고난의 과정을 통과하면서 자아가 깨어지고, 다듬어지고 마침내 순금같이 나오게 되는 일종의 훈련소라고 나는 생각한다.

로마서 8장 17절에 "자녀이면 또한 상속자 곧 하나님의 상속자요 그리스도와 함께한 상속자니 우리가 그와 함께 영광을 받기 위하여 고난도 함께 받아야 할 것이니라"고 기록되어 있다.

그렇다. 우리가 주님과 함께 영원한 천국의 영광을 받기 위하여 주님께서 친히 감당하셨던 십자가의 고난도 함께 받아야 한다.

상속법에도 부모로부터 자녀가 상속을 받을 때에 상속 재산과 상속 채무를 함께 받도록 되어 있다. 즉, 하나님으로부터 상속을 받는 것으로 적용하면 상속 재산은 축복이요, 상속 채무는 고난이다. 그러므로 우리는 상속 재산인 축복을 받기 위하여 반드시 상속 채무인 고난도 함께 받아야 한다.

하나님께서 하나님의 자녀를 믿음의 장성한 분량에 이르도록 육성을 하시는데 고난을 통하여 다듬어 가시고 성숙한 신앙인으로 성장하게 하신다.

"고난 당한 것이 내게 유익이라. 이로 말미암아 내가 주의 율례들을 배우게 되었나이다"(시 119:71).

"고난 당하기 전에는 내가 그릇 행하였더니 이제는 주의 말씀을 지키나이다"(시 119:67).

"그리스도를 위하여 너희에게 은혜를 주신 것은 다만 그를 믿을 뿐 아니라 또한 그를 위하여 고난도 받게 하려 하심이라"(빌 1:29).

고난을 통하여 주의 율례를 배우게 되고, 그릇 행함을 버리게 된다. 고난을 당하면서 주의 말씀을 지키게 되고, 하나님의 은혜를 받게 하시므로 고난은 결국 내게 유익이 된다.

🌱 영적 교만

하나님을 영접하고 초보 신앙인이었을 때, 나는 30세에 최연소 LG화학 동경지사장이 되었고, 32세에 최연소 부장으로 승진하게 되었다. 부친의 방광암 말기가 기도로 치유되는 기적의 역사를 체험하였고, 처남의 아이 없음을 측은하게 여기고 기도의 응답을 받고 믿음으로 선포하여 자식을 출산하는 기적을 체험하게 되었다. 그러자 나도 모르게 나를 통하여 기적을 이루어 주신 하나님께 온전히 영광을 돌려야 하는데, 내가 기도하면 이루어진다고 착각하게 되었다.

이제 돌아보면 하나님을 영접하고 초보 신앙의 단계에서는 마치 어린아이가 어머니에게 필요한 것을 달라고 떼를 쓰면 다 들어주는 것처럼 하나님께서도 영적인 어린아이 같은 초보 신앙인에게는 관대하셔서 떼를 쓰고 기도하면 들어 주시는 것 같다. 초보 신앙인의 특권이라고 할까?

그래서 내가 초보 신앙인으로 떼를 쓰고 기도하였더니 하나님께서 들어주셔서 그런 기적의 체험을 하게 된 것으로 이해한다.

나는 LG화학 일본 동경지사장으로 부임하고 4년 동안 놀라운 성과를 올리도록 이끌어 주신 하나님의 은혜를 망각하고 내가 잘해서 그런 실적을 거둔 것으로 착각하게 되었고 영적 교만이 찾아왔다.

그렇게 되니까 하나님께서는 나를 연단하시고자 고난의 훈련소로 들어가게 하셨다. 그런데도 나는 그 사실을 전혀 깨닫지 못하였다.

그렇게 잘나가던 실적이 저조하게 되면서 지사장도 다음 후임이 내정되었다. 그래도 나는 그때까지 기도하면 다 들어주신 하나님께서 무엇이든 들어주실 줄 알았다.

나는 일본에서 훌륭한 업적을 이루고 성공하였으니, 육신의 안목과 욕심으로 다음은 영어권에서 성공하고자 뉴욕지사장으로 갈 수 있기를 기도하였다. 하지만 하나님께서는 나의 영적인 교만을 깨뜨리시고 겸손한 종으로 변화시키고자 고난의 훈련소에 들어가게 하셨다. 하나님의 뜻이 뉴욕지사장이 아니었기에 나는 본사로 발령이 났다.

본사에 들어와서도 나의 영적인 교만을 깨닫지 못하고 해외 신규사업을 추진하는 팀장으로 동분서주하며 시간을 보냈다. 그러다가 하나님께서 명하셔서 LG화학 본사 직장 신우회를 창립하게 되었다. 그러나 나의 영적인 교만은 깨지지 않고 있었다.

🌱 바닥까지 내려감

결국 하나님께서는 나를 청주공장의 가장 보잘것없는 부서장으로 보내셨다.

그렇게 최연소 부장으로 승진하고, 동경지사장으로 승승장구하며 잘나갔던 내가 청주공장의 가장 보잘것없는 부서장으로 가게 되니까 그때서야 고난의 훈련소에 들어가게 된 것을 인식하였다. 요나가 물고기 뱃속까지 내려갔던 일이 생각나면서 '내가 이제 요나처럼 물고기 뱃속까지 내려오게 되었구나'라는 생각이 드니 앞이 깜깜해졌다.

🌱 청주공장 직장 신우회 설립

그제야 나를 되돌아보게 되었고, 내가 영적으로 교만하였음을 깨닫고 철저하게 자복하는 회개기도를 드렸다. 그리고 하나님을 기쁘게 해드리는 일이 무엇일까 생각해보니 본사에서 했던 것처럼 청주공장에서도 직장 신우회를 설립하여 주님께 매주 예배를 드리고 영광을 돌려드리는 것이 좋겠다는 판단이 들었다.

즉시 수소문하여 기독교인들을 모아서 한 달 만에 LG화학 본사 직장 신우회와 같은 조직으로 LG화학 청주공장 직장 신우회를 창립하고 초대 회장으로 취임하게 되었다. 나는 열과 성을 다하여 직장 신우회 조직이 튼튼히 뿌리를 내릴 수 있도록 최선의 노력을 다하였다.

🌱 겸손과 온유와 인내의 훈련소

청주공장의 부서장으로 내려오니까 그렇게 잘나가던 내가 이제는 하찮은 존재로 내려앉게 되었고, 조직 내부에서도 멸시와 천대를 받게 되었다. LG화학에 입사한 이래 처음 경험하게 된 비천한 자리에서 엄청난 스트레스를 받게 되었다.

내가 할 수 있는 것은 매일 새벽기도에 나가 나의 교만에 대한 회개 기도와 하나님께서 긍휼히 여겨 주시기를 간구하는 것뿐이었다. 그리고 하나님께서 긍휼을 베푸실 때까지 온전히 참고 인내하는 것이었다.

하루는 부서장들이 회식을 하는 날이었다. 얼마 전까지만해도 나에게 잘 보이려던 후배 부장들이 멸시하는 분위기에 몹시 속이 상했다. 그리고 집에 들어오는 길에 넘어져 안경이 다 깨져버렸다. 집에 와서 펑펑 울며 "하나님! 나의 하나님! 어찌하여 이렇게 비천한 자리로 보내셔서 수모를 당하게 하셨습니까? 하나님, 저를 불쌍히 여겨 주소서!"라고 통곡하며 울부짖고 기도드린 것을 지금도 생생히 기억한다.

예수님께서 십자가에 못 박히시고 숨을 거두시기 전에 하나님과 단절된 심정을 고백하신 말씀이 그때 생각났다. "엘리 엘리 라마 사박다니 하시니 이는 곧 나의 하나님, 나의 하나님, 어찌하여 나를 버리셨나이까 하는 뜻이라"(마 27:46).

이 고난의 훈련소를 통과하면서 뼛속까지 자리 잡은 교만을 버리고 겸손을 새기는 과정을 반복하게 하셨다. 그리고 나의 삶의 주권자 되신 주님만을 바라보며 나는 아무것도 아님을 고백하고 나의 남은 삶은 오직 주님의 은혜로 살아가겠다는 다짐을 하며 온전한 인내를 이루어 나갔다.

이 훈련소 기간에 한순간도 하나님을 원망하거나 불평하지 않고, 온전히 그 과정을 통과하면서 인내할 수 있었던 것은 욥기와 하박국서를 수없이 읽고 묵상하면서 하나님께 큰 위로와 용기를 받았기 때문이라고 생각한다. 그리하여 오직 주님께 다 맡기고 주님의 인도하심을 기다릴 수 있었다.

누구나 고난의 훈련소에 들어가면 먼저 자신을 되돌아보고, 회개할 것을 철저히 회개하고, 그 다음은 하나님을 기쁘게 하는 일을 찾아서 해야 한다. 그렇게 해야 훈련소를 조기에 졸업할 수 있다고 생각한다.

그래서 나는 청주공장 직장 신우회를 온 힘을 다하여 섬겼고, 부회장들을 중심으로 신우회 조직이 단단하게 뿌리내려갔다. 내가 없어도 후임 회장을 맡을 부회장이 준비되자 마침내 하나님께서 11개월 만에 건져 주셔서 다시 본사의 기획관리부장으로 발령을 내주셨다. 고난의 11개월이 마치 11년과 같이 힘들고 길게 느껴졌다.

2단계 고난 훈련소

서울 본사로 올라오면 고난의 훈련소를 졸업하는 줄 알고 너무 기뻐하며 감사의 기도를 드렸다. 그리고 절대로 교만하지 않고 겸손한 자로 오직 주님께 순종하는 삶을 살겠다고 다짐하였다. 그러나 그것은 하나님께서 1단계로 건져 주신 것이었고, 고난의 훈련소를 완전히 졸업한 것이 아니었다. 다시 2단계 검증을 위한 훈련소가 기다리고 있었다.

그 시절에는 통상적으로 부장으로 5년 이상 되면 임원으로 승진하는 기회가 주어졌다. 최연소 부장으로 승진하여 부장 승진 후 5년을 경과하고 해마다 임원 승진에 추천이 되었으나 번번이 승진에서 누락되곤 하였다. 하나님께서 높이시면 낮출 자가 없고, 하나님께서 낮추시면 높일 자가 없다는 성경의 말씀 그대로였다.

내가 초보 신앙인이었을 때에는 하나님의 살아계심과 전지전능하심을 나에게 나타내시고 기적의 역사를 통해 체험 신앙으로 무장하게 해주셨다. 최연소 부장으로 승승장구하였지만, 하나님께서 영적인 교만을 뿌리째 뽑기 위하여 낮추시니 임원 승진에서 번번이 누락되었다.

입사 동기들 중에서 항상 선두로 승진하며 승승장구하였던 나는 동기들이 임원으로 승진하고 후배들도 임원으로 승진하는 현실을 받아들이기가 몹시 힘들었다. 그때까지 갖고 있던 자존심이 갈기갈기 찢어지는 아픔을 경험하였다. 입사 동기와 후배들이 임원으로 승진하여 견제와 멸시의 시선으로 대할 때마다 자아가 살아나서 수없이 회사를 그만두고 싶었다.

그때마다 하나님께 "하나님! 제가 너무 견디기 힘들어요. 회사를 그만두고 이직을 고려할까요?"라고 기도하면 하나님의 말씀은 "참고 인내하고, 자아를 온전히 죽이고, 낮아져서 오직 주님만 바라보고 주님이 정하신 때까지 견디라"고 말씀하셨다.

그렇다. 이 고난의 훈련소를 졸업하는 것은 오로지 하나님께서 결정하신다.

나와 하나님 사이에서 하나님의 평가를 받고 있으며, 하나님이 보시기에 내가 온전히 겸손으로 순종하며 온전한 인내를 이루는지를 확인하시는 중이라는 사실을 깨닫게 되었다. 그래서 다시 일어나서 주변의 시선이나 환경을 바라보지 않고, 오직 주님만 바라보며 끝까지 하나님께서 정하신 길을 달려가기로 하였다.

한번은 간부회의 석상에서 심한 견제와 모욕을 당한 일이 있었다. 그런 모습을 지켜보던 부하 간부가 직장 신우회에서 함께 활동하면서 신앙적으로 의지하는 사이였는데 회의를 마치고 나서 흥분하여 나에게 "아니, 부장님! 바보처럼 참지만 말고 한번 들이받으세요. 안 하시면 제가 다음엔 들이받겠습니다"라고 말했다. 나를 사랑하고 안쓰럽게 여기는 동정심에서 나온 말이었다.

순간 나는 "사탄아, 물러가라"고 했다. 그러고 나서 얘기했다. "너의 충정심은 고맙지만, 나는 지금 하나님으로부터 겸손과 온유함과 인내에 대한 최종 테스트를 받고 있는 중인데, 네가 이를 망치게 하면 안 된다."

예수님을 체포하기 위해 제사장과 장로들과 서기관 일행이 왔을 때, 베드로가 충정심과 혈기로 대제사장의 종 말고의 귀를 칼로 베었다. 그때 예수님께서 베드로를 물러가게 하시고 말고의 귀를 회복시켜 주신 일이 생각났다.

돌아보면 그날 그 사건 현장에 하나님께서 함께하셨고, 내가 어떻게 반응하는가를 살펴보셨던 것 같다. 하마터면 하나님께서 온유함과 인내를 훈련하는 고난의 훈련소를 졸업할 수 있을지 확인하시는 최종 졸업시험에서 사사로운 감정이 살아나서 하나님으로부터 실격이 될 뻔하였다.

만약 그때 베드로와 같이 혈기로 대응하였더라면, 그동안의 훈련은 허사가 될 것이고, 더 힘든 훈련소로 들어가게 되었을 것이다. 그리고 오늘날 여기까지 올 수도 없었을 것이라 생각한다. 결국 고난은 내게 유익이라는 말씀이 진리라고 생각한다.

2-12
재물의 훈련소

지금까지 겸손과 온유, 인내의 훈련소에 관하여 서술하였는데 1단계, 2단계 고난의 훈련소를 통과하는 기간에 하나님께서 다른 종류의 훈련소를 동시에 통과하도록 하셨다. 그것은 재물의 훈련소였다.

나는 신혼 생활을 숟가락 두 벌로 시작했다. 그러다가 동경지사장으로 가면서 하나님께서 찾아와 주신 덕에 하나님을 영접하게 되었다. 초보 신앙인인 나에게 하나님께서는 재물의 주관자이심을 알려주시고자 일본의 종합상사

미쓰이물산의 오카다 부장을 통하여 재테크의 지혜를 전해주셨다.

🌱 재테크의 시작

재테크라는 용어는 '재무'와 영어 'Technology'가 합쳐진 합성어로 일본에서 이를 축약하여 '재테크'라는 용어가 생겨난 것으로 알고 있다. 즉, 보유 자금을 효율적으로 운용하여 최대 이익을 창출하는 방법을 의미한다. 1985년에 일본에서는 유행하던 용어인데 당시 한국인에게 생소한 용어였다.

일본의 오카다 부장은 첫 번째로 주식시장에 대하여 알려주었다.

1985년에 한국의 주식시장은 외국인 투자가와 기관 투자가들만 투자하는 아주 초창기적 수준이었다. 한국의 주가지수(KOSPI)가 1985년 말 163이었다. 주식 액면가 평균의 1.6배로 형성되었고, 개인 투자는 거의 없을 때다.

그런데 동경 주가지수(TOPIX)는 1985년 말 1,058이었다. 즉 액면가 평균의 10배로 거래되고 있었다. 일본에서도 동경올림픽을 계기로 주가가 상승하여 주가지수가 1,000을 돌파하고 있는데 한국도 1986년 아시안게임, 1988년 서울 올림픽을 치르게 되니 그즈음에 주식시장이 폭발적으로 활성화되고 급상승할 것이라고 조언을 해 주었다.

재테크의 두 번째는 부동산이다. 아파트 투자다.

1985년 당시 전두환 대통령이 아파트 가격을 철저히 통제하여 아파트 가격은 거의 오르지 않고 있었다. 그때는 재테크의 개념이 없을 때이므로 한국인은 아파트는 생활하는 공간이지 투자의 대상이 아니라고 생각하던 때였다. 그런데 동경에서는 투자의 개념이 도입되고 여러 이론이 나오고 있었다.

지하철 환상선(2호선) 안쪽과 밖의 가격 격차는 더 크게 벌어지게 되니 환상선 안쪽으로 잡아야 한다. 그리고 한국에서는 들어본 적이 없는 '역세권'이란 단어가 일본에서는 나오기 시작했다. 즉 지하철 역에서 도보로 다닐 정도의 인근 지역이 '역세권'이고, 지하철 역에서 떨어질수록 '역세권' 아파트와 가격의 차이가 벌어지게 된다는 것이었다.

한국보다 앞서가는 동경의 경험치를 받아들이기로 했다. 그래서 1985년에 한국에 있는 아파트를 팔고 그 돈으로 LG화학의 주식을 전부 매수하도록 서울에 있는 처남에게 부탁했다. 그때는 한국 주식시세를 온라인으로 확인할 수 없고 증권회사 매장에 가야 알 수 있던 시절이다. 그러니 망하지 않고 내가 믿을 수 있는 LG화학의 주식을 매수하도록 하였다. 액면가 5,000원 주식을 6,000원에 매수하였다.

2년이 지나고 1987년 7월이 되니까, 개인들이 모두 증권회사로 몰려가서 마구 투자를 하는 상황이 벌어졌다. 1987년 말 주가지수가 525가 되었으니 2년 만에 3배가 되었다. LG화학 주가도 6,000원에서 18,000원으로 3배가 되었다.

당시 전두환 대통령이 아파트 가격을 평당 100~110만원 수준으로 통제하고 있었는데 임기가 1988년 2월이면 끝났다. 그러니 6년 동안 묶여 있던 아파트 가격도 레임덕과 함께 풀렸다. 1987년 7월에 LG화학 주식을 주당 18,000원에 전량 매도하니 현금이 3배가 되었다. 환상선 안쪽으로, 역세권으로 가격이 훨씬 많이 오를 것이라는 조언에 따라 그

돈으로 강남역 부근에 아파트를 샀다.

　1987년 가을부터 레임덕이 생기면서 아파트 가격이 오르기 시작하였고, 동경과 같은 현상이 그대로 재연되었다. 서울에서도 환상선 안쪽 그것도 강남 지역이, 그리고 역세권이 더 많이 오르기 시작하였다. 이 모든 것이 하나님께서 초보 신앙인인 나에게 베풀어 주신 은혜의 결과였다고 생각한다.

❥ 재물의 시험

　하나님께서는 초보 신앙인인 나에게 일방적으로 복 주셔서 승승장구하게 하셨고, 재물의 복도 함께 주셨다.
　그런데 초보 신앙의 단계를 넘어 영적 교만을 뿌리 뽑고, 좀더 성숙된 신앙인으로 발전시키기 위하여 고난의 훈련소로 보내셨다. 그 시기에 재물에 관한 훈련소도 동시에 들어가게 하셨다. 한 가지만 통과하기에도 너무나 힘든 코스인데 두 가지 코스를 동시에 통과하게 하시니 갑절로 힘든 과정을 지나가야 했다.

재물의 훈련소는 재물의 근원적인 주인은 하나님이시고, 하나님께서는 주기도 하시고, 거두어 가기도 하시는 분이심을 깨닫는 곳이었다. 그리고 하나님께서 주셨을 때, 받은 우리는 선한 청지기로서 주신 재물을 하나님께서 기뻐하시는 곳에 감사함으로 나누고, 베풀고, 구제하며 선교하는 일에 사용할 것을 철저히 배우는 훈련소였다.

신혼 첫 월급을 받으면서부터 한 달도 거르지 않고 부모님 생활비를 보내 드렸고, 내 동생들과 처 동생들도 도와주어야 하는 상황이 거듭되었다. 또 하나님께서 황충을 보내셔서 재물을 지속적으로 거두어 가셨다. 동경지사 근무 마지막 1년과 본사 귀국 후 5년여 기간 동안 계속하여 거두어 가셨다. 재정적으로 어려운 여건에서도 도움을 청하는 친척을 보내셔서 어려운 가운데서도 하나님께서 도와주라고 하시면 도와주는지 살펴보셨다.

결국 헝가리 자회사 사장으로 발령이 나기 직전에 가계 순자산, 즉 부동산 가치에서 융자금을 제외하고 남는 자산 가치가 고작 2,700만 원밖에 되지 않았다.

그런 상황이 1년만 더 지속된다면, 보유하고 있는 아파트는 깡통 아파트가 되는 셈이었다. 두 딸이 중학생이었는데, 앞으로 교육시키고 생활하는 것이 불가능해 보였다. 나는 가장으로서 앞이 깜깜했다.

결국 하나님께 두 손 들고 간절히 기도하였다.
"하나님께서 굶어 죽으라 하시면 그렇게 하겠습니다. 그러나 저를 불쌍히 여겨 주십시오. 이제부터 저에게 재물을 주시면, 재물의 근원적인 주인은 하나님이시고, 저는 하나님을 기쁘게 하면서 그 재물을 선한 청지기로 관리하여 사용하겠습니다. 긍휼히 여겨 주십시오!"

마침내 하나님께서 나의 청지기적 재물관을 인정하시고 갑자기 헝가리 자회사인 LG Pannon 주식회사의 대표이사로 발령이 나게 하셨다. 물론 도산 직전의 회사를 살려내야 하는 심히 어려운 과제를 해결해야 하지만, 재정적인 면에서는 한국의 급여에 추가하여 해외 주재 수당 등 추가 수당을 받게 됨으로 가계의 재정이 한 단계 개선되었다. 결국 재물의 훈련소를 졸업하게 되었다. 할렐루야!

재물의 훈련소를 통과하고 나서 남은 삶을 살아가면서 성경적 재물관을 철저히 실천하기로 다짐하게 되었다. 헝가리 자회사 대표이사로 가서 9개월 동안 오직 하나님을 믿고 의지하며 경영을 한 결과, 고난의 훈련소 총 7년 간의 힘든 과정을 마침내 졸업하게 되었다.

그렇게 되니까 부장 승진 후 10년 만에 임원으로 승진하게 되었다. 최연소 부장의 화려한 기록과 함께, 임원 추천 5년간 낙방한 최장기간 임원 탈락의 기록도 겸하여 얻게 되었다.

결국 고난의 훈련소와 재물의 훈련소를 7년간 통과하면서 재정적인 어려움과 낮아짐, 견제와 멸시를 받으면서 온유와 겸손, 그리고 온전한 인내를 철저히 가슴에 새기는 좋은 경험을 하게 되었다. 순금같이 한 단계 성숙한 신앙인으로 거듭나게 되었으며, 모든 것이 하나님의 은혜였다고 생각한다.

Part 3

하나님이 만든 CEO

3-1
헝가리 합작법인 기적의 회생

    30대 나이에 일본 동경지사장으로 5년간 근무를 성공적으로 마치고 1989년 3월에 본사로 귀국하여 세계화 추진팀인 NBP(New Business Planning Team) 팀장을 맡았다.

    NBP팀이 신설된 배경에 대해 간략하게 설명하자면, 그동안 우리나라 기업들은 외국의 선진업체로부터 자본과 기술을 도입하여 한국에서 생산하는 제품 국산화에 의존하였다. 그러나 어떤 부문은 자체 기술 개발이 축적되고 외국 기업들과 경쟁할 만한 수준으로 발전되었다.

    이런 시점에 당시 김영삼 대통령의 각 대기업에 축적된

기술과 자본으로 세계 시장에 진출하여 세계 시장을 장악해 가고자 하는 정책에 따라서 대기업을 중심으로 신설된 특별한 조직이었다.

헝가리 합작법인 설립

LG그룹 내에서 LG전자는 TV로 미국 시장 진출을 추진하였고, 내가 근무하던 LG화학은 구 소련으로부터 자유민주주의 국가로 전환한 동유럽 국가에 플라스틱 제품으로 서유럽 시장 진출을 검토하였다. 이를 추진하고, 파트너와 협상을 하기 위해서 헝가리, 폴란드, 체코 등 동유럽 국가에 수차례에 걸친 해외 출장을 통하여 마침내 헝가리 국영 플라스틱 제조회사인 PANNON, Ltd.와 50:50으로 합작투자 계약을 성사시켰다. 그리하여 첫 해외투자법인인 LG PANNON Ltd.를 설립하게 되었다.

합작회사의 경영은 헝가리 측에서 경험이 많은 LG화학이 합작회사를 잘 발전시켜 주길 바라고 경영권을 넘겨서 맡게 하였다. LG화학에서 초대 경영진으로 사장과 공장장, 재경 임원, 영업 임원 총 4명을 파견하였다.

헝가리는 당시에 소련의 공산주의 배급경제로 인하여 경제 수준은 한국보다 낮았으나, 역사적으로 12세기부터 14세기까지 전 유럽의 강대국으로 문화 예술의 본거지였다. 또한 19세기 유럽에서 최초로 설립된 공과대학의 역사를 가진 부다페스트 공대가 있기도 한, 자랑할 만한 역사와 기초 과학의 기술을 지닌, 자긍심이 매우 강한 나라였다.

심각한 경영 위기

그런데 한국에서 파견된 경영진들이 헝가리의 경제적인 수준을 보고, 일방적으로 지시하는 방식으로 하자, 합작회사의 노조가 반발하면서 심각한 대립이 생겼다. 이로 인하여 품질 불량이 빈번히 발생하고, 열심히 일하지 않으니까 생산성이 저하되었다. 결국 고객들로부터 불만이 고조되어 매출이 감소하면서 회사는 심각한 적자로 인해 경영 위기에 처하게 되었다. 2년 만에 회사를 이끌어 갈 가망이 없으니 사업을 철수하고 경영진이 귀국하겠다는 건의가 본사로 올라왔다.

청천벽력 같은 소식이었다. LG화학으로서는 전략적인 유럽 진출이라는 의미가 있었고, 특히 LG전자의 미국 투자가 잘 진행되고 있었기에 더더욱 물러서고 싶지 않았다. 그래서 긴급 이사회를 열고 이 문제를 해결하기 위하여 방안을 논의했다. 그 결과, 그동안 협상을 통하여 합작회사를 만든 나를 보내서 회사를 한번 살려볼 수 있도록 해보고, 그렇게 해봐도 가망이 없다면 그때는 철수하는 것으로 결정을 내렸다.

회사에서는 나에게 함께 일할 간부를 지명하면 보내주기로 하여 능력 있는 인재로 알려진 공장장과 재경 임원을 선발하였고, 영업과 수출 담당 임원은 내가 겸직하겠다고 하였다.

이제 내가 할 수 있는 것은 하나님께 도움을 청하는 것뿐이다. 곧바로 나의 영적인 고향인 '오산리최자실금식기도원'으로 달려갔다.

하나님께 간구

하나님께 이 상황을 말씀드리고 "하나님, 저는 이렇게 위기에 처한 회사를 살려본 경험이 없습니다. 더구나 문화와 가치가 다르고, 이미 극단적인 노사 대립을 하고 있으며, 총체적인 경영 위기에 놓인 회사입니다. 모두가 불가능할 것이라고 말하는데, 저 혼자서는 살릴 수 없습니다. 전능하신 하나님! 저와 함께해 주세요. 지혜를 주시며 도움의 손길을 보내 주셔서 위기에 처한 헝가리 합작회사를 살려주세요"라고 간절히 기도하였다.

얼마나 기도를 했을까? 나로서는 부친의 말기 암을 치료하시고, 처남댁의 태를 열어 아들과 딸을 주신 하나님, 그 기적의 하나님 외에 의지할 데가 없었다. 이렇게 시작한 금식기도는 눈물로 뒤범벅이 된 채 잠도 잊고 밤을 새워 기도로 이어졌다. 하나님, 하나님, 하나님...... 아, 나의 하나님!

새벽녘이 된 듯했다. 미세한 음성이 내 귓전에 울렸다. 분명 하나님이셨다. 그분은 얼굴이 눈물로 범벅이 된 내게 이렇게 말씀하셨다.

"네가 나를 믿느냐?" 하나님은 내게 먼저 물으셨다. 나는 "네"라고 대답했다. 나는 애원하듯 말을 이어 나갔다. "오직 하나님만 의지하고 이 일을 감당하길 원합니다." 그때 나는 분명하게 들었다.

"그렇다면 내가 반드시 그 합작법인을 살려주겠다. 너의 믿음대로 될 것이다. 나를 믿고 가라. 내가 너와 함께하겠다."

그때까지 답답하고 절망스럽던 마음이 사라지고 마음속 깊은 곳에서 평안과 기쁨과 자신감이 솟아오르면서 너무나 벅찬 가슴으로 집으로 돌아왔다.

🌱 하나님이 함께하심

기도원에 가기 전에 나는 가족들에게 "헝가리 사장으로 가서 위기에 처한 회사를 살려야 하는 책임을 부여 받았다"라고 말했다. 그러자 가족들은 열악한 나라에 함께 가는 것을 우려하는 마음이었다. 그때 큰딸은 이제 중학교를 졸업하고 과학고등학교 진학을 위해 열심히 공부하고 있어서 학업적으로 매우 중요한 시기이고, 작은딸은 중학교 1학년에서 2학년으로 올라가는 시기였다.

기도원을 다녀와서 하나님께서 나와 함께 가신다는 응답을 받았으니 나를 통하여 하나님께서 어려운 회사를 살려주실 것이라고 믿음을 갖고 이야기했다. 그러자 아내와 두 딸은 아무리 열악한 환경이라도 감수하고, 아빠와 함께 가겠다고 했다.

이때 우리 가족은 언제나, 즉 좋을 때나 힘들 때나 항상 함께 헤쳐 나가는 사랑의 공동체임을 확인할 수 있었다.

하나님께서 가족들의 마음을 하나로 일치시켜 주신 것이다.

🌱 절대긍정의 믿음으로 선포

나는 합작회사에 부임하고 곧바로 업무를 시작하지 않았다. 노조 간부들과 각 부서장들을 모두 모이도록 하고 그 자리에서 엄숙하게 선언했다.

"여러분, 나는 크리스천입니다. 내가 믿는 하나님은 절대적인 능력이 있으신 분으로, 그분께서 여러분과 여러분의 가족들을 사랑하셔서 지구 반대편에 있는 나를 불러 이 회사를 살리라고 명령하셨습니다. 나는 반드시 그 일을 이룰 것입니다. 또 그것을 넘어 반드시 우량기업으로 만들 것을 약속합니다."

입장을 바꿔 놓고 생각해도 참으로 이상했을 것이다. 회사 사장으로 부임한 첫날에 '하나님'의 이름을 거론하며 회사를 살리겠다고 공언했으니, 어딘가 좀 이상한 사람으로 봤을 수도 있을 것이다. 그러나 사장이 회사를 꼭 살리고, 그것도 우량기업으로 성장시키겠다고 약속했으니 일단은 믿어 보자는 마음이 있었으리라 생각된다.

가장 걸림돌이 노조 간부들이었으니 회사를 살리려면 반드시 노조 간부들과 한마음으로 화합을 이루어야만 혁신을 할 수가 있다고 생각했다. 그래서 노조 간부들을 소집하고 허심탄회한 대화를 시작하였다. 그런데 그동안 한국 경영인에 대한 불신이 자리 잡고 있어서 좀처럼 마음을 열지 않았다.

나는 그들에게 다음과 같은 사항을 서로 충분히 의논하여 하나를 선택하라고 말했다.

첫째는 노조가 한마음으로 뭉쳐서 회사 살리기에 앞장서고, 상호 신뢰를 바탕으로 사장의 지시에 협조하여 회사를 살려서 여러분의 삶의 터전을 굳건하게 할 것인가? 그렇다면 나도 여러분을 신뢰하고, 최선을 다하여 회사를 살리도록 나의 모든 노력을 다하겠다.

둘째로 그렇게 한마음으로 협조하지 않겠다면 어쩔 수 없이 회사를 파산하고, 나는 여러분을 전원 해고해야 하는데 여러분들은 직장을 잃고 삶의 터전을 잃어버리게 된다.

"어떤 것을 선택할지 충분히 의논하고 반드시 만장일치가 되면 나에게 알려달라. 그때까지는 짐도 풀지 않고 기다리겠다"라고 했다.

그 후 3일간 난상토론을 하다가 만장일치의 결론을 내렸다. 그들은 "사장님을 믿고 우리 모두 최선을 다하여 한마음으로 협조하겠습니다"라고 말했다. 감격의 첫 단추가 풀린 것이다.

🌱 노조와 한마음으로

나는 합의서를 작성하였다. 전 노조 간부가 한마음으로 사장을 믿고 신뢰하며 협조하여 회사가 우량기업으로 발전되도록 최선을 다할 것을 서약했다. 또한 사장은 노조 간부들을 신뢰하고 새로운 경영 기법을 총동원하여 회사가 발전하도록 최선의 노력을 다하겠다고 서약했다. 이러한 내용을 적고 전 노조 간부와 내가 사인을 하고 사본을 만들어서 각자 한 부씩 나누어 가졌다. 각 부서에 잘 보이도록 걸어 두고 그 서약을 서로 지키자고 하였다.

그 다음 날부터 노조 간부들과 부서장들을 통하여 이런 합의가 이루어진 사실을 알리니까, 모든 임직원이 공감을 갖고 한마음으로 회사 살리기에 동참하게 되었다.

경영 혁신의 시작

이에 품질 관리 기법을 소개하고, 불량품을 철저히 검사하여 출고되지 않도록 했다. 이미지가 손상된 고객들에게 품질에 대한 신뢰를 회복하고, 불량품이 발생된 원인을 규명하여 불량품이 다시 발생되지 않도록 철저한 교육을 통하여 품질 관리의식을 고취했다. 그리고 생산성을 높이기 위한 분임토의를 통하여 개선책을 찾아가게 하는 방식으로 혁신이 이루어졌다. 임직원들도 신바람이 났다.

서유럽 시장으로 수출

그 다음으로 영업으로 매출을 늘려야 하는 과제가 주어졌다. 헝가리 내수시장은 열악하여 수요가 많지 않아서 서

유럽 시장을 개척하여 수출을 늘려야 매출이 커질 수 있는 구조였다. 그런데 수출을 경험해 본 간부가 한 명도 없었다. 그래서 어학이 가능한 간부를 선발하여 수출팀을 구성하고 내가 팀장을 겸직하여 가르치면서 업무를 익혀가도록 하였다. 독일, 프랑스, 이탈리아, 오스트리아, 북유럽 3국, 심지어 영국까지 수출을 확대해 갔다.

이렇게 수출 시장이 확대되면서 매출이 급성장하고 생산성이 향상되며 품질이 안정적으로 관리되었다. 그러자 고객의 평판이 좋아져서 더 많은 주문이 오는 선순환의 사이클이 형성되었다.

⚘ 9개월 만에 흑자 전환의 기적

본사에서는 2년 이내 흑자로 전환해 주기를 기대하고 파견하였는데, 취임 9개월 만에 흑자로 돌아서는 놀라운 기적의 성과를 거두게 되었다.

그러나 LG PANNON의 성장은 이에서 머무르지 않았다. 동유럽에서 최고의 회사로 등극하더니, 나중에는 서유럽을 포함한 전 유럽에서 7대 업체로 부상했다. 처음 하나님만 믿고 겁없이 선언했던 약속대로 우량기업이 된 것이다.

그뿐만이 아니었다. 이 일이 한국의 경제계에도 알려지게 되어 당시 김영삼 대통령의 지시로 정부에서 대한무역투자진흥공사(KOTRA)를 통하여 발굴한 해외투자 우수사례로 선정되어 《해외투자 성공사례》라는 책자의 헝가리 편에 소개되었다.

이 모든 성과는 결코 내가 이룬 것이 아니요, 나와 함께 하신 하나님께서 모든 임직원의 마음을 하나로 뭉치게 하여 주신 결과다. 또한 나에게 지혜를 주시고, 도움의 손길을 보내 주셔서 이룩한 성과이니 하나님의 은혜가 아닐 수 없었다.

3-2
고향과 친척과 아버지의 집을 떠나라

1998년 가을에 LG화학의 수출본부장을 맡아서 해외시장을 누비며 동분서주하고 있을 때다. 어느 날 저녁에 전화를 받았다. 글로벌 헤드헌팅 업체의 대표라고 자기를 소개하고 나서 유럽에 본사를 둔 다국적기업에서 한국의 자회사 대표이사를 발탁하고자 물색하고 있다고 했다.

내가 얼마 전에 LG화학의 헝가리 자회사 대표이사로 기적의 성과를 이루어 낸 것을 대한무역투자진흥공사(KOTRA)에서 발간한 《해외투자 성공사례》라는 책을 통하여 잘 알고 있다고 하면서, 오랜 역사를 가진 탄탄한 회사이고 연봉도 많이 줄 수 있고 더없이 좋은 기회이니까 지원서를 제출하라는 요청을 받았다.

나를 23년간이나 다양한 경험을 하면서 성장하도록 키워준 LG화학을 사임하고, 연봉을 더 준다는 이유로 선뜻 이직한다는 것은, 나의 신념으로는 도저히 받아들일 수 없었다. 그래서 일언지하에 관심이 없다고 거절하였다.

그런데 그 헤드헌팅 회사의 대표는 매일 저녁 집으로 전화했다. 거절하고 또 거절해도 영문 이력서와 그동안 경력과 성과를 정리한 영문 서류만이라도 보내주도록 간청하였다. 그러면 서류는 보내주겠지만 LG화학을 사임하고 갈 수는 없으니 다른 좋은 분을 물색하시라고 했다. 그러나 그는 포기하지 않고 나를 너무나 번거롭게 하였다.

이때 불현듯 머리를 스치고 지나가는 성경의 말씀이 생각났다. 누가복음 18장 5절에 "이 과부가 나를 번거롭게 하니 내가 그 원한을 풀어주리라…"는 말씀이었다. 불의한 재판관이 매일 번거롭게 하는 과부의 청원을 피하다가 번거로워서 들어주었다는 내용이 떠오르면서, '이렇게 포기하지 않고 번거롭게 하는 것이 혹시 나의 뜻은 이직하는 것이 아니지만, 하나님의 뜻은 새로운 길을 예비하고 가라고 하시는 것일까?' 하는 생각이 번쩍 들었다.

그래서 바로 그 대표에게 전화를 걸어 내가 기도를 해보겠으니 일주일 정도 말미를 주도록 요청했더니 기다리겠다고 하였다.

마침 그때가 3일간의 추석 연휴였다. 하나님께 여쭐 수 있는 절호의 기회였다. 광주에 계신 모친께 전화를 걸고 이번 추석에는 중요한 일이 있어서 내려가지 못한다고 양해를 구하고, 나는 곧바로 영적 고향인 오산리최자실금식기도원으로 달려갔다. 3일간 금식하면서 하나님께 매달리며 하나님의 뜻을 알려주시도록 간절히 기도하였다.

끝까지 거절하고 LG화학에 남을 것인지? 아니면 사임하고 유럽 회사로 이직할 것인지를 문의하는 기도를 간절하게 드리면서 매달렸다. "어느 쪽이든 주님께서 보여주신 길로 믿음으로 순종하겠습니다"라고 굳게 다짐하며 기도에 집중하였다.

첫째 날도, 둘째 날도 아무런 답이 없었다. 어느덧 연휴

마지막 날이었다. 그날 저녁에는 짐을 싸서 돌아와야 해서 더욱 간절하게 매달렸다.

그때 갑자기 우레와 같은 엄청나게 큰 음성이 들렸다.

창세기 12장 1절부터 3절까지의 말씀이 선포되었다.

"여호와께서 아브람에게 이르시되 너는 너의 고향과 친척과 아버지의 집을 떠나 내가 네게 보여 줄 땅으로 가라 내가 너로 큰 민족을 이루고 네게 복을 주어 네 이름을 창대하게 하리니 너는 복이 될지라 너를 축복하는 자에게는 내가 복을 내리고 너를 저주하는 자에게는 내가 저주하리니 땅의 모든 족속이 너로 말미암아 복을 얻게 될 것이라 하신지라."

너무 놀라서 주변을 살펴보니 다들 아무 소리도 듣지 못하고 각자 자기 기도만 하고 있었고, 나에게만 엄청난 큰 소리가 들렸다. 이는 성경에 다메섹으로 가던 사울에게 주께서 음성으로 말씀하실 때 옆에 있던 사람들에게는 들리지 않고 사울에게만 들렸던 것과 같이 느껴졌다.

"가는 중 다메섹에 가까이 갔을 때에 오정쯤 되어 홀연히 하늘로부터 큰 빛이 나를 둘러 비치매 내가 땅에 엎드려져 들으니 소리 있어 이르되 사울아 사울아 네가 왜 나를 박해하느냐 하시거늘 내가 대답하되 주님 누구시니이까 하니 이르시되 나는 네가 박해하는 나사렛 예수라 하시더라 나와 함께 있는 사람들이 빛은 보면서도 나에게 말씀하시는 이의 소리는 듣지 못하더라"(행 22:6-9).

하나님께서 비유로 나에게 말씀하신 내용을 내가 올바르게 이해하지 못하니까 하나님께서 친절하게 다음과 같이 풀어서 설명해 주셨다.

"고향은 네가 대학 졸업하고 지난 23년간 근무하고 있는 LG화학에서 다양한 부문에서 경험한 터전이고, 친척은 네가 LG화학 동경지사장 시절을 포함하여 친분을 다진 인맥들을 말하고, 아버지의 집은 LG화학이다. 그러니 이제 내가 명한 땅, 곧 유럽 회사로 가라. 그러면 너로 인하여 그 회사를 창대하게 발전시키고, 너를 통하여 그 회사의 임직원들에게 복을 주겠다."

이 말씀을 듣는 순간, 나의 가슴은 뜨거워지고, 벅찬 감동으로 눈물이 하염없이 흐르며 "오직 하나님 말씀만 믿고 순종하여 전혀 알지 못하는 회사에, 아는 사람 한 명도 없으며 IMF 외환위기로 심각하게 어려운 회사로 오직 하나님의 말씀만 의지하여 이직하겠습니다"라고 고백하고, LG화학을 사임하고 유럽 회사로 가기로 결단하였다.

🌱 믿음으로 순종

온전히 주님께 다 맡긴 결단이었다. 나는 유럽 회사인 오미아코리아 주식회사 대표이사 취임식 때 나는 크리스천이고 하나님께서 명령하셔서 사장으로 취임하게 되었으며, 반드시 이 회사를 우량기업으로 발전시키겠다고 자신 있게 선포했다.

하나님께서 나의 믿음의 선포를 기뻐하시고 심각한 경영 위기에 처한 회사를 단 6개월 만에 흑자로 전환시키는 놀라운 기적의 성과를 거두게 하셨다.

"절대긍정의 믿음으로 순종하였더니 저를 통하여 하나님께서 발전시켜 주셨습니다. 이 모든 것은 모두 주님의 은혜입니다."

3-3
엉뚱한 취임사

심각한 경영 위기

대한민국은 1997년 11월 21일 국가의 외환위기 상황이 발생하였고 이에 대처하기 위하여 IMF에 거액의 외화를 빌려 달라고 요청하는 사태가 발생하게 되었다.

이 여파로 1998년에 많은 한국의 기업들이 도산하거나 심각한 경영 위기에 처하게 되었다. 오미아코리아도 예외가 아니었다. 심각한 적자를 기록하고, 매출은 급감하고, 이자 비용도 급증할 뿐 아니라 은행에서 추가 차입도 제한을 받는 금융위기를 맞게 되었다.

스위스 오미아그룹의 100% 자회사인 오미아코리아 주식회사의 대표이사로 취임할 때 첫날 취임식에서 전 임직원을 모아 놓고 나의 첫마디는 "제가 왜 이 자리에 서게 된 줄 아십니까?"라는 질문이었다.

그랬더니 엉뚱한 질문에 돌아오는 대답은 "IMF 외환위기로 우리 회사가 어려워져서 우리 회사를 살려 달라고 스위스 본사의 샤켄만(Max Andrey Schachenmann) 회장님이 사장님을 뽑아서 여기 오신 것 아닙니까?"라는 대답이었다.

그때 내가 취임사를 이어갔다.

"그 대답이 틀린 것은 아니나, 80점짜리 답입니다. 100점짜리 정답은 이렇습니다. 저는 하나님을 믿는 크리스천입니다. 제가 믿는 하나님께서 대한민국이 외환위기로 많은 기업이 도산하고, 많은 실직자가 속출하고 있는 이 상황에서, 오미아코리아도 심각한 위기 상황에 놓인 현실을 보시고, 임직원 여러분들을 긍휼히 여기시고 실직하지 않도록 회사를 살리시고자 결정하셨습니다.

그리고 나아가서 우량기업으로 우뚝 세워 가시고자 결

정하시고, 누가 이 일을 잘 맡아서 할까 하고 찾으시다가 마침내 LG화학에서 근무하고 있던 저를 선택하시어 그 사명을 감당하라고 명령하셔서 제가 이 자리에 서게 되었습니다.

그러므로 오늘 이후 오미아코리아가 도산하지 않을까 하는 부정적인 생각은 버리시고, 이제 우량기업으로 발전해 가는 꿈을 꾸고, 모두가 긍정적인 마음으로 무장하고, 최선의 노력을 다할 때 머지않아 그렇게 이루어 주실 줄 믿습니다.

우리 회사는 전 세계 50개 국가에 150개 사업장을 운영하는 다국적 기업입니다. 그러므로 오미아코리아의 발전과 더불어 임직원 여러분도 세계 무대로 진출하고, 활약하는 꿈을 꾸시기 바랍니다. 그리고 지금부터 그 꿈을 이루기 위하여 영어 공부를 시작하시기 바랍니다."

대부분의 임직원은 엉뚱한 취임사에 웃었고, 그중에 두 명만이 "아멘"이라고 대답하였다. 믿음이 없는 대부분의 임직원들은 나의 말에 비웃었지만, 하나님은 확실한 절대긍정의 믿음을 갖고 말로 우량기업이 될 것을 선포한 것을 매우 기뻐하셨다고 확신한다.

"믿음은 바라는 것들의 실상이요 보이지 않는 것들의 증거니"(히 11:1).

"믿음이 없이는 하나님을 기쁘시게 하지 못하나니 하나님께 나아가는 자는 반드시 그가 계신 것과 또한 그가 자기를 찾는 자들에게 상 주시는 이심을 믿어야 할지니라"(히 11:6).

취임식을 마치고, 인사부장을 통하여 두 명의 크리스천을 불렀다. 다음 날 아침부터 한 시간 일찍 출근하여 내 방에서 우리 세 명이 매일 아침 기도회를 하자고 제안했다. 매일 첫 시간에 주님께 간절히 기도한 결과, 주님께서 광야에서 이스라엘 백성들에게 매일 아침 만나를 공급해주신 것처럼 매일 지혜를 주시고, 도움의 손길을 보내주셔서 도산 직전의 회사를 6개월 만에 흑자로 전환하는 기적의 성과를 달성하게 하셨다.

이런 심각하게 어려운 상황에서 취임하게 되었으나, 하나님께서 분명히 나와 함께하시고, 나를 통하여 이 기업을 창대하게 하겠다고 하셨으니, 오직 절대긍정의 믿음으로 반드시 그렇게 인도해 주실 것이라고 믿고, 의심하지 않았다.

그래서 취임식 때 우리 회사는 이제 우량 기업으로 발전해 갈 것이라는 믿음의 선포를 하였다. 이러한 나의 절대긍정의 믿음의 선포를 들으시고 하나님께서 기뻐하신 결과, 놀라운 기적의 성과를 이루어 주셨다.

3-4
돼지머리 고사를 없애라

하나님께서는 믿음의 자녀에게 복 주시기 전에 반드시 믿음이 있는가를 확인하신다. 시험을 통하여 확고한 믿음이 있음을 보여드리면, 하나님께서 기뻐하시고 "네 믿음대로 될지어다"라고 은혜를 베풀어 주신다.

하나님께서는 아브라함을 믿음의 조상으로 세우시기 전에 그가 100세에 얻은 독자 이삭을 번제물로 드리라고 명령하셨다. 아브라함은 눈에 넣어도 아프지 않을 아들이었지만 하나님의 명령에 절대긍정의 믿음으로 순종하여 이삭을 번제물로 드리려고 할 때, 하나님께서 그 믿음을 보시고 아브라함을 믿음의 조상으로 삼으시고 자손대대 복 주셨다.

예수님께서도 공생애 3년간 많은 병자를 고치시고, 귀신 들린 자를 구원하셨는데 항상 그에게 믿음이 있는가를 보시고 고쳐 주셨다.

오늘날 우리의 삶에서도 동일하게 하나님은 우리의 믿음이 확고한지를 확인하시고 복 주신다.

1999년 3월에 스위스 오미아그룹 자회사인 오미아코리아 주식회사의 대표이사 사장으로 취임하고 얼마 지나지 않아 군산공장의 설비 증설공사를 하기로 하였다. 내가 취임하기 전까지 항상 기공식과 준공식 때에 안전하게 공사를 지켜주도록 돼지머리를 놓고 고사를 지내왔다면서 그렇게 준비하겠다고 보고를 받았다.

"내가 크리스천이고 살아계신 하나님께 매일 사고 나지 않고 공장과 사업을 지켜주시도록 기도하는 사람인데, 무슨 죽은 돼지머리를 놓고 절을 한다고 하느냐? 이제부터는 절대 그런 것 하지 않는다"라고 지시를 내렸다.

그러자 공장에서는 모두가 '여태까지 해오던 돼지머리 고사를 안 했다가 사고가 나면 어떻게 하나?'라고 불안해 하였지만, 나는 절대긍정의 담대한 믿음으로 선포하였다.

"돼지머리 고사를 없애고 대신 사고 없이 증설공사가 잘 마무리되도록 지켜주시기를 사장이 매일 새벽에 하나님께 간절히 기도하겠다. 그러니 두려워하지 말라. 만약 돼지머리 고사를 안 해서 사고가 나면 사장인 내가 모두 책임지겠다."

그리하여 돼지머리 고사를 없애고, 기도로 간구하니 하나님께서 안전하게 지켜주셔서 준공하게 되었다. 준공식 때도 돼지머리 고사는 사라지고 하나님께 기도함으로 사고 없이 설비가 잘 가동되었다.

3-5
사랑 경영으로 기적의 회생

🌱 일본 시장 개척

첫 번째로, 급격한 내수 시장의 위축으로 오미아코리아의 매출이 급감하여 매우 어려움을 겪고 있었다. 나는 이를 슬기롭게 극복하기 위하여 해외 시장으로 진출하는 것이 필요하다고 판단했다.

LG화학에서 동경지사장으로 5년간 성공적인 업적을 이룬 경험이 있고, 동경지사장 시절 일본에서 형님처럼 모시던 미쓰이물산의 오카다 부장이 이제 화학 부문 총괄 대표이사로 승진해 있었다. 하나님께서 도움의 손길을 예비해 주신 것이다. 취임 후 곧바로 일본으로 달려갔다.

형님의 소개로 일본 굴지의 제지회사인 다이오제지의 구매담당 상무이사를 만나게 되었다. 오카다 형님이 "정 사장은 일본의 비즈니스 철학을 잘 이해하고 있고, 절대 신뢰해도 된다"라고 지지해준 결과 구매담당 상무가 품질관리 시스템을 확인하고자 답례 방문으로 한국을 찾아왔다. 군산공장의 전자동화 첨단 생산 시스템, 품질관리 시스템, 환경관리 시스템 등을 살펴보고 매우 만족해하고 시험적으로 첫 수출 주문을 주었다.

제지용 초미립자 탄산칼슘 제품은 우유처럼 흰색의 액상 제품이다. 그러므로 탱커선을 용선하여 군산항에서 일본 다이오제지 미시마공장(일본에서 단일 최대 규모의 제지공장)으로 바로 수출을 시작하였다. 일본의 까다로운 품질검사에도 합격하고 우수한 품질을 인정받아 점차 수량을 확대하여 두 척의 탱커선을 전용으로 사용하기로 하고 매주 한 척의 물량을 수출하였다.

마침내 일본에 공장을 두지 않고 수출로 다이오제지 미시마공장의 총 수요의 60% 물량을 군산공장에서 수출로 공급하는 쾌거를 이룩하게 되었다. 이런 수출시장의 개척으로 없던 신규 시장이 확장되면서 회사의 매출이 급증하고, 공장의 가동율이 100%에 육박하면서 설비 증설을 추진하고, 사업이 급성장하는 놀라운 기적의 성과를 거두게 된 것이다.

사랑 경영의 혁신

그뿐만이 아니었다. 나는 경영의 근본을 바꾸는 '사랑 경영'을 기반으로 혁신이 함께 추진되었을 때, 보다 더 기적과 같은 놀라운 성과를 이룰 수 있다는 것을 깨닫게 되었다. 새로운 기업문화 구축에 있어서, 어떻게 성경적 원리와 기업 경영학을 접목할 것인가에 대한 고민을 시작하였다. 즉, 경영학의 원리와 성경의 원리를 접목하여 성경적 경영학을 실천한다면 반드시 최고의 기업이 될 수 있으리라는 확신이 있었다.

이런 성경적 경영학을 나는 "사랑 경영"이라 불렀다. 요한일서 4장 8절에 "하나님은 사랑이심이라"고 말씀하신다. 사랑 경영을 나는 '하나님과 함께하는 경영'이라고 해석한다.

성경에는 기업이 필요로 하는 인재상과 기업문화로 정착시켜 나갈 만한 여러 좋은 점들이 많이 내포되어 있다. 세상에도 다양한 경영지식이 존재하지만, 사실 대부분의 주요 경영 원리는 성경에서 배울 수 있다고 생각한다. 나 외에도 세계적인 회사를 경영하는 많은 경영인이 성경으로부터 지혜를 얻고 있기 때문이다.

지금까지 기독교 신앙을 가진 사람들이 '회사 따로, 교회 따로'라는 의식에서 벗어나, 성경에서 이미 증명된 많은 지혜를 제대로 활용해야 한다는 것이 평소 나의 지론이었다. 그리고 그런 지론을 헝가리에서 이미 실험해보았고 성공시킨 적이 있었기 때문에 이번에도 성경적 원리, 곧 하나님과 함께하는 경영을 오미아코리아에 적극적으로 도입하기로 했다.

기독교 영성의 핵심은 '사랑'이다.
그래서 그 '사랑'을 오미아코리아로 가져와서 모든 경영의 밑거름으로 정착시키고자 했다. 나는 그 이름을 '사랑 경영'이라 부르며, 고객 사랑, 임직원 사랑, 기업 사랑으로 나누어 구체적인 실천방안을 마련했다. 이에 대하여 구체적으로 실천하기 시작했던 방안들을 소개하고자 한다.

기업문화의 혁신

기업문화의 혁신을 다음 6가지로 나누어 추진하였다.

1) 인재 육성

나는 먼저 인재 육성 프로그램부터 새롭게 했다. 기업이 곧 사람이기 때문이다. 성경에서 말하는 '사랑'을 기업경영에서는 '신뢰'라는 말로 바꾸었다. 그리고 이 신뢰의 바탕 아래에서 인재 육성에 나섰다. 그것은 곧 '의심이 드는 사람은 쓰지 말고, 쓴 사람은 무슨 일이 있더라도 반드시 신뢰한다'는 원칙을 세운 일이다.

더구나 오미아코리아는 유럽 기업이므로, 한국적인 정서와 유럽 정서가 혼재되어 두 문화가 충돌할 가능성을 언제나 갖고 있었다. 거기에 내가 경영을 맡은 후 여러 부서에서 간부와 직원들이 새롭게 충원되었기에 하나의 문화로 통합시킬 필요성이 시급했다. 그런 일은 교육을 통해 이루어질 수밖에 없다. 내가 가장 먼저 인재 육성에 나섰던 것도 이런 이유 때문이었다.

나는 인재 육성에 대한 목표를 세웠다. 그것은 인재 개개인의 다기능화에 초점을 맞춘 것이다. 어떤 일이 주어지더라도 무리 없이 해낼 수 있는 능력을 갖추도록 해 주고 싶었다. 그래서 먼저 정기적인 교육훈련을 받도록 했다. 교육은 직능별로 이루어졌으며, 교육비는 모든 예산 중 최우선 순위에 두고 예산에 구애 받지 않고 교육훈련비를 지급하는 것을 원칙으로 삼았다.

그리고 직무에 상관없이 임직원들이 자격증을 따게 되면, 그에 따른 자격 수당을 지급하고 격려했다. 100여 명 직원을 모두 다양한 능력으로 무장된 다기능 산업 전사로 키우고 싶었다.

이는 성경에 나오는 기드온의 '300 용사'와 같은 인재를 말한다. 구약 사사기에는 기드온이라는 사사가 불과 300명의 철저하게 훈련된 병사로 적군 수십만 명을 이기는 전쟁이 기록되어 있다. 나는 이런 100명의 임직원을 오미아코리아에서 육성하고 싶었다.

2) 디지털 시스템에 의한 팀제 도입

두 번째는 디지털 시스템에 의한 수평적 팀제 도입이다.

내가 오기 전까지 업무는 여전히 아날로그 시스템에서 벗어나지 못하고 있었다. 우선 결재 시스템을 보면, 기안자-차상급자-과·차장-부서장-사장으로 모두 다섯 단계를 거치게 되어 있었다. 이에 따라 평균 결재 처리 시간도 1주일

이상 걸렸다.

그리고 모든 기안이 철저하게 수작업으로 이루어지고 있었다. 이것을 나는 과감하게 디지털 ERP system을 도입하고, 전자결재 시스템으로 바꾸었다. 지금은 이 시스템이 낯설지 않겠지만, 내가 처음 시도했던 2000년에만 해도 매우 획기적인 발상의 전환이었다. 먼저 모든 기안을 종이가 아닌 전자결재 시스템으로 바꾸었다.

또 결재 단계도 기존의 다섯 단계에서 세 단계로 과감하게 축소시켰다. 과감했다는 표현을 쓰는 것은 그동안 결재를 해왔던 중간 단계에 있는 사람들로서는 그 과정이 생략된 것이 매우 서운할 수 있었으나 잘 설득시켜서 관철할 수 있었다. 모든 기안을 기안자-부서장-사장으로 단순화한 것이다.

그리고 내가 해외 출장을 가더라도 항상 노트북을 들고 가서 24시간 이내에 모든 결재가 이루어졌다. 나는 이것을 "online real time 결재"라고 이름 붙였다. 비로소 디지털 시스템이 완성된 것이다.

이런 한 가지의 변화만으로도 업무의 시간과 비용을 획기적으로 줄일 수 있었고 신속한 의사 결정, 곧 Speed Management가 가능하게 되어 기업 경쟁력을 높이게 되었다. 이렇게 조직의 초슬림화에 따른 인건비 절감과 함께 절감된 인원을 신규사업 확장에 투입할 수 있게 되어 이런 조직문화의 재구축만으로도 기대 이상의 재정적인 효과를 거둘 수 있었다.

또한 팀장 제도로 중간 간부들의 책임의식이 강화되고, 팀장들이 사장에게 직접 보고하고 직접 지시를 받게 되니 자긍심이 고취되고 사기가 살아나는 좋은 효과가 있었다. 이는 당연히 적자를 벗어나는 시간을 앞당겨 회사 정상화에 크게 기여할 수 있었다.

3) 목표관리 제도(MBO System) 도입

세 번째는 IMF 사태로 인해 온 나라가 우왕좌왕 정신을 차리지 못하는 가운데 우리 회사만이라도 제자리를 잡아야 한다는 판단 아래 전사적으로 MBO 시스템 운영을 시도한 점이다. MBO란 Management By Objective의

머리 글자를 딴 것으로 목표를 설정하고 정량화된 평가 척도를 활용해 기대 실적을 이루도록 하는 목표관리 시스템을 말한다.

시류에 휩쓸려 우왕좌왕할 것이 아니라, 회사의 핵심 전략을 수립하고, 그 전략에 따라 각 팀별로 핵심 추진과제 5-7개를 선택해, 매년초 목표 보고·회의를 통해 목표를 공유하며 사장과 팀장 간에 합의하고, 합의서를 공개회의 장소에서 각각 서명한다. 그런 후, 연 2회 실적 보고 회의를 통해 중간 점검과 분석을 한다. 그런 다음 연말에 마감 실적을 통해 목표 달성을 산정하고 그 다음 해 목표와 예산을 세우도록 한 것이다.

이렇게 회사 직원들 모두가 힘을 합쳐 이루어야 할 핵심 과제가 명확하게 잡히고, 이를 모든 부서의 임직원들이 공유함으로써 목표 달성을 위해 서로 밀고 당겨주는 힘을 얻게 되었다. 혹 실적이 지지부진한 부서가 있으면, 먼저 목표 실적을 달성한 팀이 나서서 그들을 도와준다. 기독교 영성 경영인 사랑의 정신을 바탕에 깔고 있으니 말이다. 이로써 경쟁이 아닌 협력이 이루어진다. 서로 미소 지으며, 공동으로 회사의 전체 목표를 향해 힘찬 발걸음을 옮기게 된다.

4) 제안제도 활성화

이와 함께 사내 아이디어를 모집하기 위한 제안제도도 크게 활성화하도록 했다. 모든 임직원이 '제안서'를 자신들의 컴퓨터에 저장해 놓고 새로운 생각이 떠오를 때마다 기록해서 각 부서장에게 제출하도록 했다. 채택된 제안에는 반드시 각종 혜택을 주도록 조치했다.

그렇게 한 결과 내가 부임한 첫 번째 해인 2000년에 152건이었던 것이 그 이듬해인 2001년에는 236건으로 크게 확대되었다. 그 이후에도 꾸준하게 연간 250건 이상씩의 제안이 제출되어 임직원 한 명당 평균 2건씩의 업무와 관련된 새로운 아이디어를 낸 셈이 되었다.

이렇게 제출된 많은 제안으로 변화와 혁신의 기틀을 마련하게 되었다.

5) 공정한 평가와 보상

그 다음은 공정한 평가와 보상제도이다. 제안제도와 MBO 프로그램 등을 운영하면서, 이런 회사 방침에 적극적으로 동참한 직원과 그렇지 않은 직원을 동등하게 대우한다는 것은 회사 경영의 입장에서 바라보면, 직무유기나 다름없는 일이다. 당연히 차별적 대우를 해야 한다. 차별적 대우를 하는 것이 진짜 공정한 조치일 것이다. 그래서 만든 것이 '공정한 평가와 보상' 제도이다.

직원들은 제안의 양과 질, 그리고 MBO 성과, 교육 동참 여부로 평가를 해서 인사 고과에 반영하고 상여금의 차등 지급을 하도록 했다. 이래야만 조직이 활기차게 돌아갈 수 있게 된다. 더욱 헌신적으로 회사를 위해 일한다면, 회사는 그에 상응한 보상을 최대한 실시해야 한다. 이것이 내가 조직을 재건하면서 내건 방침이었다. 성경 어느 곳을 펼치든지, 이런 보상에 대한 약속으로 가득하다. 하나님도 인간과의 관계에서 이런 평가와 보상제도를 엄격하게 실시하고 있다.

> "다섯 달란트 받았던 자는 다섯 달란트를 더 가지고 와서 이르되 주인이여 내게 다섯 달란트를 주셨는데 보소서 내가 또 다섯 달란트를 남겼나이다 그 주인이 이르되 잘 하였도다 착하고 충성된 종아 네가 적은 일에 충성하였으매 내가 많은 것을 네게 맡기리니 네 주인의 즐거움에 참여할지어다…그에게서 그 한 달란트를 빼앗아 열 달란트 가진 자에게 주라"(마 25:20-21, 28).

하나님께서 다섯 달란트를 가지고 다섯 달란트의 이윤을 남긴 자에게 추가 보너스로 한 달란트를 주신 것을 알 수 있다.

기업체에서도 성경의 이러한 내용을 본받을 때 모든 직원들이 최선을 다하게 될 것이다.

6) 참된 사회인

기업문화를 새롭게 구축하면서 성경적 원리를 가져온 것 중 마지막은 '참 인간 사회인 운동'을 전개하는 것이었다. 이것은 사랑이신 하나님의 사랑을 나와 가족, 나와 이웃, 그리고 나와 회사가 서로 나누며 더불어 살아가는 운동을 말한다. 입으로만 말하는 사랑 경영이 아니라, 몸으로 실천해 직장인의 정체성을 넘어 가족과 이웃, 사회에 공헌하는 참된 인간, 참된 사회인으로 성숙하자는 각오를 담은 것이다.

이와 함께 정기적으로 매년 초에 간부들의 부부를 호텔로 초청해서 회사의 경영 상황에 대해 소상하게 설명하고, 회사의 향후 비전까지 공유하도록 설명해 주었다. 지방에서 올라온 간부 부부들은 1박을 하고 돌아가도록 했다.

우리 한국 사회는 원래 대가족 집단 중심이었고, 이를 통해 가족 간의 협력을 이루어 냈다. 그리고 그 가운데에는 '정'이라는 우리 고유의 정서, 즉 사랑이 자리 잡고 있다. 나는 이 사랑을 기업에 도입해 직원을 전체 가족의 개념으로 확대하고자 했다. 임직원의 가족이 회사에 사랑의 마음을 갖게 되면, 그만큼 임직원과 회사 사이의 관계도 돈독해질 것으로 예측했다.

그리고 나의 그런 예측은 그대로 적중되었다. 회사에서 즐거운 일이 임직원의 가족으로 확대되고, 임직원들의 기쁜 일 역시 회사의 기쁜 일이 되는 심리적 공유 상태가 되면서 회사에 대한 열정과 일을 대하는 임직원들의 태도에도 많은 긍정적인 변화가 일어났다.

이런 '참 인간 사회인 운동'을 통해 우리 회사의 임직원은 단순히 회사라는 테두리를 넘어 가족으로, 더 나아가 사랑의 공동체로 발전하게 되었다. 그리고 이웃까지 사랑을 나누는 진실한 인간과 참된 사회인으로 자리매김하게 되었다. 이런 사랑 경영은 회사의 엄청난 실적 상승으로 이어졌다.

6개월 만에 흑자 전환이라는 기적의 성과

이 같은 활동들은 곧바로 실적으로 나타나는 성과를 가져다 주었다. 내가 경영을 맡은 첫해인 1999년에 국제 품질관리 시스템인 ISO 9002를 획득했다. 이는 우리가 시도한, 남보다 앞선 품질경영이 가져다 준 성과였다.

그 이듬해인 2000년에는 국제 환경관리 시스템인 ISO 14001도 획득했다. 이것은 우리의 환경경영이 이룬 성과이다. 그동안 IMF의 가공할 만한 힘에 밀려 주눅 들었던 마음을 집어던진 것이다. 조직에는 사랑 경영으로 인해 한국인 특유의 신바람이 불어 닥쳤다. 누구도 막을 수 없을 거대한 바람이었다. 임직원 모두가 한번 해보자는 마음으로 하나로 뭉쳤고, 긍정적인 모습으로 변했다.

이에 힘입어 우리는 드디어 회사의 윤리강령을 만들어 발표하게 됐다. 어떤 경우에도 흔들리지 않을 우리의 경영철학을 담았다. 한 번 불기 시작한 사랑의 신바람을 영원히 붙잡아 회사 발전의 지속가능성을 더욱 확대해 나가고 싶었기 때문이다.

대표이사 취임 후 과감하게 내디뎠던 '생존을 염려하지 않는 기업'을 만들기 위한 첫 시도는 이렇게 굳건한 기초 공사를 완성하게 되고 6개월 만에 흑자 전환이라는 기적의 성과를 거두었다. 모두 하나님의 은혜였다.

3-6
장로 장립 직전 영적 전투

🌱 영적 전투

우리는 하나님의 영 곧 성령님과 사탄이 공존하고 있는 이 세상을 살아감을 항상 인식하고 깨어 있어야 한다. 그래서 성령님을 의지하고 굳건한 믿음을 지켜서 사탄의 방해를 물리치고 승리해야 한다.

사탄은 성령님께서 우리를 복 주려 하시거나 좋은 길로 인도하시려고 하면 어김없이 찾아와서 방해한다는 것을 잘 알고, 영적 전투에서 승리하도록 믿음을 굳건히 해야 한다.

2002년 가을 여의도순복음교회에서 장로 장립을 받기 위한 서류심사, 장로고시, 면접시험을 통과하고 장립을 받기 전에 오산리최자실금식기도원에서 1박2일간 영성훈련을 받기로 되어 있었다.

나는 2일간 개인 휴가를 내고 오전 10시에 집에서 출발하여 기도원에 입소하기로 했다. 그런데 바로 전날 저녁 9시쯤에 군산공장 공장장으로부터 급하게 전화로 보고가 왔다.

"사장님, 큰일 났습니다. 잘 돌아가던 군산공장 주요 설비들이 멈추고 작동을 하지 않고 있습니다. 전기적인 결함을 철저히 점검해 보았으나 문제점을 발견하지 못했습니다. 자동제어 시스템도 꼼꼼하게 점검을 해보았으나 어떤 문제점도 없고 정상인데 공장의 설비들이 작동이 안 되고 멈춰 있는 상태입니다. 밤을 새서라도 문제점을 찾아 수리하고 내일 아침까지는 정상 가동이 될 수 있도록 노력해보겠습니다."

참고로 군산공장은 모든 기계들이 연동하여 자동제어 시스템으로 작동하게 되어 있었고, 전기적 결선이나 퓨즈

등이 문제가 되면 바로 조치하여 정상 가동되었던 적이 있었다. 공장은 연속식 공정으로 24시간 설비가 쉬지 않고 가동하는 방식이며, 제품은 초미립자 액상 탄산칼슘으로 종이를 만들 때 펄프와 함께 주원료로 사용되며 그 수량이 많이 소요되는 제품이다.

제지회사가 원료 재고를 최소화하여 하루에도 몇 시간 간격으로 탱크로리로 공급을 해주어야 제지공장에서도 설비가 24시간 연속식 공정으로 돌아가게 되어 있어서, 하루라도 공급이 멈추면 제지공장의 생산 설비도 멈추는 심각한 문제가 발생하게 된다. 그러므로 적기 공급은 생명과도 같은 매우 중요한 임무이다. 하루라도 원료의 공급에 차질이 발생하여 제지공장의 설비들이 멈추게 될 경우, 제지공장이 입은 막대한 손해를 배상해 주어야 하는 중대한 과실로 그룹 회장까지 보고가 되고 문책이 따를 수 있다.

밤늦게 다시 공장장으로부터 보고를 받았다.
"이번처럼 도무지 결함이 발견되지 않는데 이유 없이 자동제어 시스템이 작동하지 않는 것은 처음입니다. 밤을 새워 찾아보겠지만 자신이 없습니다."

그 순간 나는 이 문제는 기술적인 문제가 아니고, 기술적으로 설명할 수 없는데 전 시설이 멈춘 것은 나의 영성 훈련을 방해하는 영적인 전투라는 생각이 들었다.

두 가지 선택

나에게는 두 가지 선택이 있었다.

하나는 내일 아침이 되면 이런 중대한 비상 상황에서 군산공장으로 달려가서 밤을 새워 수고한 직원들을 격려하며 함께 문제 해결을 위한 대책을 강구하는 것으로, 사장으로서 마땅히 해야 할 행동이다.

다른 하나는 공장장에게 문제 해결을 위한 과제를 맡기고 나는 휴가를 집행하고 기도원 영성 훈련을 받으러 가는 것이다.

만약 아침까지 문제가 해결되지 않는 위기 상황에서 사장이 휴가를 내고 영성 훈련에 참가했다고 하면 어느 누가 이해하겠는가? 상식적인 생각으로는 영성 훈련을 포기하고 군산공장으로 새벽에 급히 가봐야 한다고 할 것이다.

이러한 위기에 처했을 때 크리스천은 어떻게 해야 할 것인가? 그 해답은 전지전능하신 하나님께 기도로 여쭙는 것이다. 즉 지금 이 문제점을 확실하게 아시고, 그 문제점을 확실하게 해결해 주실 수 있는 능력의 하나님께 간절한 기도를 드리고, "아침이 되면 제가 어디로 가야 합니까?"라고 물었다. 그러자 응답을 주셨다.

성령님께서 영적 전투라고 일깨워 주시고, "내가 너와 함께하여 새벽이 밝아오면 모든 문제는 해결되고 정상적으로 가동될 것이니 너는 믿기만 하라. 그리고 절대긍정의 믿음으로 선포하라!"라는 메시지를 주셨다. 그 메시지를 받고 가슴이 뜨거워지고 벅찬 확신이 다가왔다.

"할렐루야! 성령님, 감사합니다"라고 기도한 후에 즉시 새벽 2시쯤 군산공장 공장장에게 전화를 걸었다. 절망에 처한 심정으로 "아직 문제를 발견하지 못했고 설비가 멈춰 있습니다. 죄송합니다"라고 답하는 공장장에게 나는 담대히 믿음으로 선포했다.

"걱정하지 마세요. 새벽에 날이 밝아오면 문제는 사라지고 공장의 모든 설비들이 정상적으로 가동될 것입니다. 기술적으로 아무리 해결되지 않는 문제라도 내가 믿는 하나님은 해결하실 수 있습니다. 제가 밤새 기도하겠습니다. 이제 눈을 좀 붙이고 기다리세요."

🌱 믿음의 선포는 놀라운 기적의 성과를 가져온다

새벽 6시경 공장장으로부터 전화가 왔다. "사장님! 조금 전에 메인 스위치를 켜니까 아무 일도 없었다는 듯이 모든 설비가 정상적으로 작동하고 생산이 순조롭게 되고 있습니다."

할렐루야! 살아 계신 하나님께서 사탄의 방해를 물리쳐 주시고, 나의 믿음을 확인하고 기뻐하시며 영성 훈련을 받으러 기도원으로 가도록 은혜를 베풀어 주셨다.

3-7
두 번째 꿈

🌱 성공한 CEO

나는 대학 4학년 2학기 재학 중인 1975년 11월 1일 LG화학에 입사했다. 그 시절은 대한민국의 산업화가 본격적으로 시작되고 중화학공업에 투자가 왕성하게 추진되는 시기였다. 포항제철을 비롯하여 우리나라 화학공업의 효시인 충주비료주식회사를 비롯하여 진해화학 등 비료회사, 그리고 울산 석유화학 공단, 여천 석유화학 공단 등 특히 화학 분야의 대규모 회사들이 사업 확장으로 인해 우수한 화학공학 엔지니어를 서로 뽑아가려고 치열하게 경쟁하던 시기였다.

그래서 LG화학도 내가 졸업하기도 전인데 1975년 7월에 1976년 2월 졸업예정자를 미리 모집하게 되었다. 나도 졸업하면 바로 근무를 시작하도록 '찜 당한 것'이다. 원래는 1976년 2월에 졸업하고 3월에 입사하기로 하였으나, 회사에서는 일손이 워낙 부족하여 부득이하게 졸업하기 전에 학교에 양해를 얻고 대학 4학년 2학기인 1975년 11월 1일부터 입사하게 되었다. 요즈음의 취업난을 보면 격세지감이 든다.

입사하고 2년쯤 지난 후 서울 본사에서 기획부 근무를 하고 있을 때 나는 첫 번째 꿈인 후배에게 장학금을 주는 자가 되겠다는 꿈을 간직하고 있었으며, 두 번째 꿈을 다음과 같이 하늘을 우러러보면서 다짐했다.
'성공한 CEO가 되겠다.'

그 후 42세가 되었을 때 LG화학의 헝가리 자회사 LG

PANNON 주식회사의 CEO가 되었다. 이는 전초전이라 할 수 있고, 본격적으로 45세에 스위스 다국적기업인 오미아코리아 주식회사의 CEO가 되었다.

나와 함께해 주신 하나님의 한없는 은혜로 헝가리 자회사의 경영 성과와 오미아코리아의 경영 성과, 나아가서 오미아그룹 동아시아 지역 총괄 회장으로 이룩한 경영 성과는 모두가 기적이라 말할 만한 성과였다. 사랑 경영을 통한 고객 사랑, 임직원 사랑, 나아가서 이웃 사랑으로 확대되는 사랑 나눔을 실천하는 본이 되었다.

두 번째 꿈이 이루어졌다.
모두 하나님의 한없는 은혜라고 생각한다.
주님께 감사드린다.

Part 4

사랑의 헌신

4-1
가족 사랑

🌱 결초보은

대부분의 부모는 자녀에 대한 사랑의 수고를 기쁨으로 감당하고 있다고 생각한다. 그러나 손주에 대한 사랑의 수고는 쉽지 않은 것 같다.

나는 딸이 둘 있다. 큰딸이 두 자녀를 두고 있는데 첫째는 딸이고 둘째는 아들이다. 나에게는 첫 번째 손주가 외손녀 김민지이다. 누구나 손주가 태어나면 자기 자식을 키울 때보다 몇 배나 사랑스럽다고 한다. 큰딸이 대학병원과

의대 교수라는 직업을 갖고 바쁘게 일하기 때문에 손주를 돌봐주는 일에 자발적으로 사랑의 수고를 아끼지 않았다.

이제는 중학교 2학년이 되었지만 초등학교 때 집에서 먼 사립초등학교를 다녔다. 스쿨버스를 운행하는데 집에서 버스를 정차하는 곳까지 책가방을 메고 걸어가려면 어린이 걸음으로 15분은 족히 걸린다. 그렇게 걸어가는 것이 안쓰러워서 나는 자청하여 1학년부터 6학년 졸업할 때까지 6년간 눈이 오나, 비가 오나 하루도 거르지 않고 아침에 내 차로 학교까지 데려다 주고, 하교시에도 버스 하차 장소로 차를 가지고 나가서 집으로 데려오곤 하였다.

손녀에 대한 사랑의 수고에 대해 남들은 6년 동안이나 어떻게 그런 힘든 수고를 했느냐고 하지만, 나에게는 사랑의 헌신으로 손녀가 편안하게 통학할 수 있음이 기쁨이었다.

손녀가 학교에서 한자 사자성어를 배우던 중, "결초보은(結草報恩)"을 배웠다. 결초보은은 풀을 묶어서 은혜를 갚는다는 뜻으로 죽어 혼이 되더라도 입은 은혜를 잊지 않고 갚는다는 고사성어이다.

이 고사성어를 인용하여 글짓기를 하였는데 손녀가 크게 은혜를 입은 사람으로 제일 먼저 외할아버지가 떠오르고, 자기를 눈이 오나 비가 오나 하루도 빠지지 않고 아침에 학교에 데려다 주시고 오후에 하교하면 버스 내리는 곳으로 마중 나오시는 외할아버지에게 입은 은혜에 감사하고 커서 "결초보은" 하겠다고 다짐하는 글을 썼다. 이 글이 우수 작품으로 선정되어 게시판에 부착되어 여러 학생들이 읽어 보게 되었다.

이처럼 나의 작은 사랑의 헌신이 손녀에게는 자기가 큰 은혜를 입었으니 훗날 보답하겠다는 아름다운 효심을 심어주는 계기가 되어, 사랑의 수고에 대한 산 교육이 된 것 같아 보람을 느끼며 감사하게 생각한다.

🌱 둘째 손주

큰딸은 딸을 낳고 연년생으로 바로 밑으로 아들을 낳았다. 김민범이다. 큰딸이 직장생활을 잘할 수 있도록 손주들을 돌보아주는데 둘을 함께 보는 것이 너무 번잡스러운 일이라서 동생은 친할머니가 낮에 돌보아주기로 했다. 매일 아침 차로 집에서 친할머니 댁까지 민범이를 데려다 주고, 오후 5시경에 다시 가서 데려오는 것을 2년간 기쁨으로 수고했다. 사랑의 수고다.

세 살이 되니 유아 돌봄에 다닐 수 있어서 유아를 돌보는 곳에 아침에 데려다 주고 오후에 다시 가서 데려오는 것을 2년 동안 더 수고했다. 다섯 살이 된 후부터는 인근에 있는 유치원을 다니면서 나의 수고가 끝나게 되었다. 이렇게 나의 사랑의 수고로 큰딸이 안정되게 대학병원에서 부교수로 잘 성장해 갈 수 있게 되고, 사랑스러운 손주들이 사랑 가운데 반듯하게 성장하고 있음에 보람을 느낀다.

둘째 딸 외손녀

큰딸의 두 손주들을 돌보는 일에 수고하고 있는데, 미국계 회사 전략기획실에 근무하는 둘째 딸이 외손녀를 출산하게 되었다. 세 명의 외손주들이 모두 한 살 차이로 태어났다.

둘째 딸도 경력 단절 없이 미국계 회사에서 잘 성장해

갈 수 있도록 외손녀 김민소도 돌보아주어야 하는데 위로 두 손주들을 돌보느라 더 이상 손이 나지 않으니까 출산하면서 우리집에 들어와서 살도록 했다.

외손녀 민소가 지금은 초등학교 6학년인데 우리집에서 3대가 함께 살고 있다. 손녀를 병원에 데려가거나 도움이 필요할 때는 언제든지 사랑의 수고를 아끼지 않고 손주들에게 베풀고 있다.

이런 나의 사랑의 수고를 통하여 두 딸들이 직장생활을 잘할 수 있게 되고 자녀 양육에 안심하게 되며, 손주들은 외할아버지의 사랑의 수고와 은혜를 입은 것에 감사하는 마음을 항상 내 생일 때나 명절이 되면 곱게 그린 감사의 카드에 적어서 내밀곤 한다. 사랑의 수고를 기쁨으로 베풀고, 손주들과 딸들과 두 사위들도 항상 감사하는 마음을 표현하고 있다. 이처럼 가족 3대에 걸쳐서 사랑의 띠로 튼튼히 연결되어 가고 있음에 감사한다.

🌱 베풀기를 즐겨하는 아내

하나님께서 짝지어 주신 아내 김형련 권사는 타고난 성품이 어린아이와 같이 순수하고, 불쌍한 사람에 대한 긍휼의 마음이 넉넉하고 베풀기를 좋아하는 성품이다. 결혼하고 그 어려운 살림을 살아오는 과정에도 시부모님의 생활비를 40년간이나 매달 보내 드리고, 시동생들을 한 번도 불평하지 않고 기꺼이 도와주었다. 친정 동생들을 도와주는 일이나 베풀기를 즐겨하는 따뜻한 마음을 가져 감사하다.

손뼉도 마주쳐야 소리가 난다고 했다. 아내에게 베풀기 좋아하는 마음이 없었다면, 어찌 나 혼자 또 다른 십일조를 기쁨으로 나누고 베풀고 구제하며 선교할 수 있었을까? 그것은 아내의 베풀고 도와주는 마음이 남다르게 넉넉하였기에 가능한 일이었다고 생각하며 깊은 고마움을 전하고 싶다.

4-2
장학금

　사실 나는 대학에 가기 전 고등학교에 진학하면서 집안 사정이 매우 어려워져 고향인 목포에서 서울로 유학 올 형편이 도저히 되지 못하였다. 그런데 서울대 화학공학과에 합격하여 서울로 유학을 하게 되었다. 첫 입학 등록금을 마련할 길이 없었는데 합격 발표 직후 할머니가 돌아가시고 장례를 마치니까 들어온 부의금이 남아서 그 돈으로 첫 학기 등록을 했다. 그리고 입학 후 첫 달부터 과외 수업으로 학비와 생활비를 벌어가면서 학교를 졸업할 수 있었다.

흙수저 환경으로 서울에서 유학하면서 뼈저리게 느낀 것은 어려운 환경에서 학업을 하는 학생에게 장학금이 얼마나 큰 힘이 되는가 하는 것이었다. 대학 3학년인 1974년 어느 날이었다. 그때는 하나님을 알지 못할 때이므로 나는 하늘을 우러러보면서 맹세하였다.

"내가 취직을 하고 살 만한 형편이 되면 제일 먼저 나처럼 어렵게 공부하는 후배들에게 장학금을 주는 사람이 꼭 되고 싶습니다."

그렇게 하늘에 맹세한 첫 번째 꿈을 LG화학에 취업하고 나서도 늘 잊지 않고 마음에 새기고 실천하겠다는 다짐을 하였다. 그러나 LG화학에서 급여를 받으면 바로 부모님 생활비를 보내 드려야 하고, 동생들 뒷바라지와 우리 가족생활을 꾸려 가기에도 늘 부족하였다.

그렇게 부족한 형편에도 부모님 생활비를 매달 보내 드리고, 동생들 학업까지 지원해주면서 한 번도 나에게 불평하지 않고 묵묵히 알뜰하게 살림을 꾸려나간 아내에게 감사한다.

어려웠던 시절에 LG화학의 자회사인 헝가리 LG PANNON, Ltd. 사장으로 가면서 형편이 좀 나아졌다. 1999년 1월에 스위스 다국적기업인 오미아코리아 대표이사로 취임하면서 고액 연봉을 받으니, 이제 가족 생계는 염려하지 않아도 될 형편이 되었다. 그러자 지난 25년 동안 마음에 품고 있었던 나의 첫 번째 꿈을 실현해 가겠다고 결심하였다.

적금 타서 장학금을 마련

보통의 경우 장학금은 사업을 크게 하거나 큰 재물을 소유한 분이 기탁하고 있다. 서울대 총동창회 장학회도 거의 그렇다.

그러나 나는 사업을 크게 하는 것도 아니고 큰 재물을 소유하지도 않은 월급을 받는 전문 경영인이었지만, 25년 동안 가슴에 품어온 나의 작은 꿈을 실현하고자 장학금을 주기로 결심했다. 기금을 마련하기 위하여 1999년 1월 말 첫 월급을 받으면서부터 3년 만기 5천만 원을 타는 적금에 가입하고, 3년 후 서울대에 '정충시특지장학회'를 설립하였다.

이어서 다시 3년 만기 5천만 원 적금에 추가로 가입하여 3년 후 기금을 추가로 기부하여 총 1억 원의 기금으로 매년 서울대 재학생 가운데 가정형편이 어렵고 기독교 신앙으로 꿈을 가지고 성실하게 노력하는 화학생물공학부 후배 학생을 중심으로 선발하여 지금까지 47명의 학생에게 장학금을 지급해 오고 있다. 아마도 월급을 타서 적금을 부어 장학회를 설립한 것은 보기 드문 경우라고 생각한다.

그 밖에 국내 신학생, 일반학과 학생, 인도네시아 선교사 자녀 장학금, 인도네시아 원주민 신학생 장학금 등을 성령님의 인도하심에 따라 후원해 오곤 했다.

이렇게 어렵게 공부를 하며 장학금을 받았던 내가 누군가에게 장학금을 줄 수 있게 해 주신 주님께 진심으로 깊은 감사를 드린다.

4-3
또 다른 십일조

🌱 10의 2조

재물의 주인은 하나님이시고, 나는 하나님께서 맡겨 주신 재물에 대하여 선한 청지기로 관리하는 자임을 철저하게 뼈에 새기고 나서, 하나님께서는 재물을 단계별로 회복시켜 주셨다. 그리고 오미아코리아 대표이사로 발탁되어 가면서 생활이 넉넉해졌다.

LG화학을 사임하고 오미아코리아 대표이사로 취임하기 직전에 새로운 직장에서 실행해나갈 새로운 패러다임을 준비하기 위하여 나의 영적인 고향, 오산리최자실금식기도원을 찾았다.

"하나님께서 명령하셔서 전혀 모르는 회사로 가는데 저와 동행하시고 저를 통하여 그 회사가 창대하게 발전하도록 쓰임 받게 해주세요."

그리고 새로운 길을 예비하고 인도해 주신 하나님께 감사의 기도를 드렸다.

아울러 나는 이제 가족이 먹고사는 단계를 넘겼으니, 이제는 네 이웃을 사랑하라 하신 예수님 말씀처럼 사랑의 나눔을 실천하겠다는 자발적인 다짐을 하게 되었다. "온전한 십일조는 교회에 헌금하고, 하나님께 감사하는 마음으로 자발적인 또 다른 십일조를 그리스도의 사랑 나눔으로 실천하겠습니다"라고 하나님께 자진해서 선포의 기도를 드렸다.

주님께서는 매우 기뻐하시면서 다음과 같이 지침을 주셨다.

"선교, 구제, 장학금 세 분야로 나누어 베풀고, 구제하며 선교하라."

이러한 응답을 받고, 오미아코리아의 CEO로서 첫 월급을 받은 1999년 1월부터 지금까지 25년째 기쁨으로 사랑 나눔을 실천해 오고 있다.

선교 후원의 첫 시작은 1998년 LG화학의 수출본부장 시절로 거슬러 올라간다. 수출부서에 근무하던 직원 가운데 내가 직장 신우회를 창립하고 초대 직장 신우회 회장을 맡고 있을 때 함께 직장 신우회에서 봉사하며 신앙의 교제를 나누었던 직원이 있었다. 그가 나에게 신앙 상담을 해 왔다.

대학 시절에 인도네시아에 단기선교를 갔는데, 그때 성령의 충만함을 받은 순간 "인도네시아 사람들을 전도하는 선교사가 되겠습니다"라고 주님께 서약을 했다고 한다. 귀국 후에 까맣게 잊고 LG화학 수출부서에 입사하게 되어 인도네시아 지사에서 근무하며 인도네시아 말과 풍습 등 문화도 익힐 수 있었다고 한다. 임기를 마치고 본사에 귀국하여 근무하고 있는데, 자꾸만 단기선교 갔을 때 인도네시아 선교사를 서약한 사실이 계속 떠오르니 어떻게 하는 것이 좋겠냐고 했다.

모두가 부러워하는 직장, 잘나가는 대기업, 그것도 수출

부서 자리를 그만두고 선교사로 가야 할지 함께 주님께 여쭤보기로 하였다. 한 주간 동안 서로 기도한 후에 다시 만나서 기도의 응답을 나누니까 나도, 그도 주님께서 사표 내고 선교사로 준비하여 인도네시아에 복음을 전하러 가라는 같은 응답을 받았다. 나는 사표를 내는 것이 좋겠다고 조언하였고, 그도 결심하고 순종하여 인도네시아 수마트라 미전도 종족인 람풍족 원주민 사역 선교사로 2000년에 나갔다.

그때부터 지금까지 그 선교사를 후원하고 있다. 지금까지 250명의 제자를 육성하고 복음 전파자로 파송하여 인도네시아 여러 지역에 교회 개척 사역을 펼치고 있다. 또한 신학교를 설립하여 젊은 학생들을 복음의 사역자로 키우고 있다.

그 밖에도 여의도순복음교회에서 세계방송선교회, 유럽선교회, 선교연합회 본부사역 등 줄곧 선교 부문에서 사역했고, 지금은 사단법인 한국성시화환경운동본부 회장으로 섬기고 있다.

어느 때나 어려운 형편에 처한 사람들이 있다. 예수님께서도 가난한 사람은 항상 너희와 함께 있을 것이라고 말씀하셨다. 그러므로 하나님께서 어려운 사람들을 보내시고, 하나님께 기도할 때 도우라는 응답이 오면 기쁨으로, 섬기는 마음으로 돕고 있다.

4-4
1% 사랑 나눔 캠페인

주님께서 "네 이웃을 사랑하라"고 말씀하신 것을 순수한 마음으로 실천하기 위하여, 오미아코리아 대표이사로 재직하고 있던 2002년에 모든 직원에게 급여의 1%를 모아서 그 지역의 어려운 이웃 돕기를 하자고 제안하였다.

나와 임원들이 먼저 솔선수범을 하고 설득한 결과, 모든 임직원이 기꺼이 동참해주어서 매월 급여의 1%를 모아 사업장이 위치한 지역의 불우한 이웃, 독거노인, 소년·소녀 가장, 장애인 가정 등에 매월 후원금을 들고 찾아가서 위로의 마음을 전하도록 하였다.

서울 본사 지역을 비롯해 함백공장, 군산공장, 안동공장에서도 그 지역에서 어려운 이웃을 찾아 매월 사랑의 나눔을 실천하도록 하였다. 반드시 돈만 보내지 말고 매월 순차적으로 몇 명이 찾아가서 직접 전하도록 하였다.

그것은 어려운 분들에게 힘을 실어주는 의미 있는 일이었으며, 찾아간 임직원들은 어려운 이웃을 방문하고 나면 얼마나 자신이 감사해야 하는지 느끼게 되어 감사와 긍정적인 삶으로 변화되는 일석이조의 효과를 거둔 것으로 생각한다.

이런 1% 사랑 나눔 캠페인이 우리나라 모든 사업장으로 퍼져 나간다면 우리나라는 살기 좋은 나라, 살 만한 따뜻한 나라가 되지 않을까. 그래서 가는 곳마다 추천하곤 한다.

4-5
사랑의 용돈 보내기

　하나님은 남자와 여자가 한 가정을 이루고 자녀를 출산하고 번성하라고 하셨다. 그러므로 부모와 자녀 간에 서로 이해하고 도와주며 의지하면서 사랑의 관계를 돈독히 하는 것이 우리를 창조하신 하나님의 뜻이라고 생각한다.
　그러나 오늘날 부모와 자녀 사이에 갈등과 반목이 팽배해지고 많은 가정이 파괴되고 있는 안타까운 현실에서 무엇보다도 절실히 필요한 것이 부모와 자녀 간에 튼튼한 사랑의 띠라고 할 수 있다.
　이런 사랑의 띠를 생각해 낸 것이 2001년도 오미아코리아에서 처음으로 시작한 '부모님께 사랑의 용돈 보내기'이다.

임직원들에게 친부모와 배우자 부모님까지 총 네 분 중 60세 이상이고, 생존해 계시면 한 분께 매월 10만 원씩 보내 드리는 제도이다. 본인이 절반인 5만 원씩을 급여에서 보내드리겠다고 신청하면, 회사에서는 나머지 절반인 5만 원씩을 효도수당으로 지급하고 인사부서에서 직원 급여일인 25일에 부모님들의 개별통장으로 매월 송금해 주는 방식이다.

금액이 문제가 아니다. 매월 25일이면 꼬박꼬박 부모님들 통장에 오미아코리아에서 사랑의 용돈이 들어가게 되니 주위 사람들에게 자랑하기도 하고, 오미아코리아 직원인 자녀 혹은 사위, 며느리에게 고마운 마음을 전하고, 작은 용돈을 통하여 부모와 자식 사이를 사랑의 띠로 튼튼하게 맺어주는 좋은 효과가 있었다.

그뿐만 아니라, 자녀와 회사에 대한 부모님들의 전폭적인 후원으로 임직원들의 애사심도 높아졌다. 그래서 회사에서 더 높은 성과를 창출할 수 있어 윈윈이 되는 좋은 제도라 생각한다.

이 제도를 우리나라의 모든 회사에서 도입한다면, 부모와 자녀가 튼튼한 사랑의 띠로 묶이고, 더 따뜻하고 건강한 사회가 되지 않을까 생각해본다.

4-6
멘토링 봉사

사랑으로 나눔을 실천하는 것은 매우 귀중한 일이요, 크리스천이 마땅히 해야 할 일이며, 주님께서 기뻐하시는 일이다.

> "네 마음을 다하고 목숨을 다하고 뜻을 다하고 힘을 다하여 주 너의 하나님을 사랑하라 하신 것이요 둘째는 이것이니 네 이웃을 네 자신과 같이 사랑하라 하신 것이라 이보다 더 큰 계명이 없느니라"(막 12:30-31).

주님께서는 네 이웃을 네 자신과 같이 사랑하라는 계명을 주셨다. 여기서 이웃은 나의 직계 가족을 제외한 모든 사람이 해당된다고 생각한다. 그리고 네 자신과 같이 사랑하라고 하신 것을 풀어서 생각해보면, 이웃에게 내가 가지고 있는 어떤 가치를 조건 없이 나누고 베푸는 것이다. 이렇게 나누어 주는 가치는 돈이나 재화 같은 유형적 가치와 지식, 경험, 지혜와 같은 무형적 가치로 구분할 수 있겠다.

내가 가지고 있는 유형적 가치를 이웃에게 나누어 주는 것은 당연히 이웃을 사랑하는 행위이다. 그뿐만 아니라 무형적 가치를 이웃에게 나누어 주는 행위도 하나님께서 기뻐하시는 이웃을 사랑하는 행위라고 여긴다.

나는 이 두 가치로 이웃을 사랑하는 마음으로 나누고 베풀기를 힘써왔다.

무형적 가치로 이웃을 사랑하는 관점에서 지금까지 내가 경험하고 체득한 지혜를 후배들에게 전해주고 그들이 처한 위치에서 조언을 해주는 멘토링 봉사를 매우 가치 있고 의미가 큰, 사랑 나눔으로 여긴다.

내가 하나님의 은혜를 입고 감사하는 마음으로 "무엇을 할까요?"라고 기도하였더니 그동안 터득한 경험, 즉 신앙생활을 통하여 체험한 영적 체험 그리고 살아온 삶을 통한 지혜를 젊은 후배들에게 필요한 조언을 해 주는 멘토링 봉사를 하라고 하셨다.

그 말씀에 순종하여 LG화학 직장 신우회 회장을 맡은 1989년부터 시작하여 하나님께서 나에게 보내주신 후배들에게 멘토링 봉사를 지금까지 34년째 지속하고 있다.

LG화학 직장에서 만난 후배들, 직장 신우회를 섬기면서 만난 신앙의 후배들, 그리고 비즈니스로 만나게 된 분들, 교회에서 알게 된 많은 후배들에게 멘토링 봉사를 하고 있다.

그리고 한국장학재단에서 어려운 환경의 대학생들에게 국가장학금을 지급해 오고 있는데, 장학금만 주는 것이 아니고 사회적으로 각 분야에서 대학생들에게 멘토링 자원 봉사자를 모집했다. 멘토 한 명에게 멘티 8명 내외의 팀을 구성하여 1년 단위로 그룹 멘토링과 개별적인 멘토링을 해 주는 제도를 운영하였다. 거기서 나는 6년 동안 학생들에게 멘토링 봉사를 했다.

그리고 내가 서울대에 설립한 정충시특지장학회 장학금을 받은 모든 학생들에게 단순히 장학금만 주는 것이 아니고, 어린 학생들이 올바르게 사회 진출을 할 수 있도록 개별 멘토링을 제공하고 있다. 그중 어떤 학생은 이제 40대에 접어 들었지만 지금까지도 20여 년간 멘토로서 멘토링 봉사를 해주고 있기도 하다.

하나님께서 멘토링 봉사를 통하여 이웃에게 사랑의 나눔을 실천하라고 하여 시작한 멘토링 봉사로 그동안 줄잡아도 200명이 넘는 후배들에게 무형 가치를 통한 나눔을 실천했다.

젊은 후배들이 넘기 힘든 삶의 고비를 만났을 때 혼자서 그 고비를 헤쳐 나가기가 벅차고 쉽지 않다. 그럴 때 멘토가 먼저 경험하고 터득한 삶의 지혜나 신앙인 교훈을 팁으로 주고 격려해 주는 멘토링 봉사는 한 사람의 인생에 매우 소중한 가치가 될 수 있다고 생각한다.

내가 그동안 살아온 삶의 질곡에서 체험하고 느낀 점, 성공한 정상에서의 경험과 주의할 점들이 어려움에 처한 후배들에게는 내가 경험한 실패를 반복하지 않고 지혜롭게 극복해 가도록 돕는 가이드가 될 수 있다. 이런 점에서 멘토링 봉사는 매우 중요하기도 하고, 하나님께서 기뻐하시는 이웃 사랑이라고 생각한다.

젊은 후배들에게 멘토링을 통하여 희망과 긍정의 용기를 심어주고, 삶의 지혜를 제공해 줌으로써 젊은 후배들이 시행착오를 범하지 않고 지혜롭게 삶의 고비를 넘어 성장하고 발전해 간다면 우리나라의 밝은 미래에 작은 보탬이 될 것임으로 큰 보람을 느낀다.

4-7
사회 봉사

주님께서 "네 이웃을 사랑하라"고 명령하신 뜻에 따라 순종하는 삶으로 사랑의 수고를 통하여 이웃을 섬기는 사회 봉사 활동도 중요하다고 생각한다.

나를 위한 시간을 최대한 희생하고, 대신에 이웃을 위해 수고하며 섬기는 활동에 더 많은 노력을 하고 있다. 이 또한 이웃 사랑의 실천이라고 생각한다.

국가적인 봉사단체로 '사단법인 대한민국 국가조찬기도회'는 매년 대통령님을 모시고 조찬기도회를 운영하고, 소외되고 어려운 교회와 가정을 도와주고 있다. 또한 산불과 재해를 당한 주민들을 도와주는 선한 사마리아인과 같은 활동을 하는 단체이다. 나는 여기에서 부회장으로 섬긴다.

국제적인 사회 봉사 조직인 국제라이온스협회 354-D지구 금강라이온스클럽 회장으로 봉사하였고, 국제로타리 3650지구 서울새문안로타리클럽 회장, 국제로타리 3650지구 제9지역 총재지역대표로도 봉사하였다.

학교와 관련한 봉사활동으로 숭실대 경영교육자문위원회 위원장으로, 연세대 경영대학 자문위원으로, 홍익대 공과대학 화학공학과 자문위원으로, 서울대 화학생물공학부 총동창회 회장으로 봉사하였다. 현재 서울대 총동창회 상임부회장으로 봉사하고 있다.

경제산업계 봉사로 사단법인 한국광업회 부회장, 사단법인 한국능률협회 이사, 한국능률협회컨설팅(KMAC) 경영품질리더스클럽 부위원장, 그리고 은퇴한 CEO들이 모여서 경험과 지혜를 나누어 주기 위하여 설립한 사단법인 CEO

지식나눔의 창립 시기부터 참여하여 이사로 봉사하였다. 사단법인 전국경제인연합회 국제분과위원회 위원, 영등포세무서 세정자문위원으로 봉사했다.

사회단체로 민간 차원에서 복음으로 평화통일을 지향하며, 북한에 병원과 보건소를 지어주는 사업을 추진 중인 사단법인 통일연합종교포럼의 이사로 봉사하고, 사단법인 한국성시화환경운동본부 회장으로 봉사하고 있다.

학술적인 부문은 최고의 권위 단체로 평가받는 사단법인 한국공학한림원의 정회원으로 활동하다가 이제는 원로회원으로 추대되었다.

에필로그

🌱 나의 남은 꿈, 감사와 소망

마태복음 25장 21절과 23절은 동일하게 "그 주인이 이르되 잘하였도다 착하고 충성된 종아 네가 적은 일에 충성하였으매 내가 많은 것을 네게 맡기리니 네 주인의 즐거움에 참여할지어다 하고"라고 말씀하고 있다.

이제 나의 남은 꿈은 언젠가 생을 마감하고 주님 앞에 섰을 때 "잘하였도다, 착하고 충성된 종아"라고 불러 주시는 것이다. 앞으로 남은 삶을 통해 그분을 기쁘게 해드리기를 소망한다.

갈라디아서 1장 10절의 "이제 내가 사람들에게 좋게 하랴 하나님께 좋게 하랴 사람들에게 기쁨을 구하랴 내가 지금까지 사람들의 기쁨을 구하였다면 그리스도의 종이 아니니라"는 말씀이 내 삶의 네비게이션이 되기를 희망한다.

부족한 글을 마무리하며 성령 충만과 말씀 충만으로 나의 신앙생활을 풍요롭게 해주셨고 지금도 해주고 계신 두 분의 영적인 스승, 여의도순복음교회 초대 위임목사님이신 고 조용기 목사님과 2대 위임목사이신 이영훈 목사님께 깊은 감사를 드린다.

그리고 이 책이 출간되기까지 주변에서 도와주신 모든 분들께도 심심한 감사를 드린다.

또한 지나온 삶의 여정에 힘들고 어려웠던 인생의 질곡에서도 늘 사랑과 기도로 후원을 아끼지 않고 묵묵히 지혜롭게 내조해주고, 사랑으로 나누고 베풀기를 즐겨하는 아내 김형련 권사에게 감사한다. 아울러 두 딸과 두 사위 그리고 특히 사랑하는 손주들에게 이 책이 살아가는 동안에 조금이나마 지혜로운 삶을 사는 지침서가 된다면 더없이 기쁜 보람이겠다.

마지막으로 이 책을 읽는 독자의 삶에 조금이라도 보탬이 되어 살아계신 하나님, 무소부재하신 하나님, 전지전능하신 하나님을 체험하는 계기가 되어 체험 신앙으로 발전한다면 큰 보람이 될 것이다.

더불어 주 안에서 절대긍정의 믿음으로 선한 꿈을 꾸고, 그 꿈을 붙잡고 이루어질 것을 바라보면서, 기도하고 최선의 노력을 다하여 모두가 자신의 꿈을 이루어 가시기를 소망한다.

이 책이 출간되기까지 주변에서 도와주신 모든 분들께 심심한 감사를 드리며, 특별히 쿰란출판사 대표이사 이형규 장로님과 오완 편집부장님, 그외에 모든 동역자들께도 감사드린다.

절대긍정의 믿음으로

1판 1쇄 발행 _ 2024년 1월 20일
1판 5쇄 발행 _ 2024년 2월 15일

지은이 _ 정충시
펴낸이 _ 이형규
펴낸곳 _ 쿰란출판사

주소 _ 서울특별시 종로구 이화장길 6
편집부 _ 745-1007, 745-1301~2, 743-1300
영업부 _ 747-1004, FAX 745-8490
본사평생전화번호 _ 0502-756-1004
홈페이지 _ http://www.qumran.co.kr
E-mail _ qrbooks@daum.net / qrbooks@gmail.com
한글인터넷주소 _ 쿰란, 쿰란출판사
페이스북 _ www.facebook.com/qumranpeople
인스타그램 _ www.instagram.com/qrbooks
등록 _ 제1-670호(1988.2.27)
책임교열 _ 이강임·최진희

ⓒ 정충시 2024 ISBN 979-11-6143-793-4 03230

책값은 뒤표지에 있습니다.
이 출판물은 저작권법에 의해 보호를 받는 저작물이므로 무단 복제할 수 없습니다.
파본(破本)은 구입처에서 교환해 드립니다.